grandes idées
pour petits espaces
comment tirer le meilleur parti de votre intérieur

grandes idées pour petits espaces

comment tirer le meilleur parti de votre intérieur

Caroline Atkins

OCTOPUS

Publié pour la première fois
en Grande-Bretagne en 2001 par Hamlyn,
un groupe de Octopus Publishing Group Limited, Londres

Dépôt légal 32448
ISBN: 2-0126-0201-0
Imprimé en Chine

Pour l'édition française :
Traduction : Olivier Cechman, Frédérique Corre
Révision : Olivier Cechman, Nathalie Laverroux,
Martine Pfeiffer
Adaptation et réalisation : Atelier Gérard Finel, Paris
Mise en pages : Christian Millet

Sommaire

Introduction

La réussite d'un projet dépend essentiellement de l'évaluation précise de l'espace – plus celui-ci est réduit, et plus ce travail préliminaire prend de l'importance. Afin de créer une pièce esthétique, mais également pratique et confortable, il faut déterminer l'espace disponible, les principaux points à mettre en évidence, et surtout quel effet on cherche à obtenir. L'espace n'a pas pour unique vocation d'être comblé par du mobilier et des appareils électriques, la circulation de l'air va permettre à la pièce de respirer. En tant que tel, l'espace est un élément à part entière qu'il faut respecter si l'on veut un projet réussi. Ce concept est particulièrement fondamental dans la décoration moderne, où le vide compte autant que le plein. En effet, les parenthèses de vide sont tout aussi parlantes que le mobilier qui les entoure : elles confèrent à la pièce des accents et des contrastes essentiels, un peu comme des points de ponctuation dans une phrase, et offrent des variations entre les meubles et les objets exposés.

Cependant, il est parfois difficile d'aborder objectivement la notion d'espace – et surtout très tentant de combler le moindre recoin – en particulier si la pièce est réduite. Tout le monde aimerait avoir un appartement plus spacieux, que ce soit pour s'y sentir plus à l'aise ou pour mettre en valeur le mobilier. L'objectif de cet ouvrage est de vous aider à optimiser votre espace – même s'il paraît très restreint de prime abord – et de vous inciter à l'agencer selon vos besoins, pour qu'il devienne une source de satisfaction au quotidien.

Les différents chapitres de ce livre vous proposent de tirer le meilleur parti de votre intérieur, sur le plan pratique grâce à des idées de rangement, et sur le plan visuel à l'aide de judicieuses associations de couleurs et d'éléments décoratifs qui vont agrandir visuellement vos pièces. Vous découvrirez également l'avantage des petits espaces, en exploitant leur chaleur, leur intimité et leur atmosphère douillette. Que vous souhaitiez modifier la structure de votre espace ou exploiter au mieux son aspect restreint, cet ouvrage vous apporte tous les conseils et les informations indispensables.

Les deux premiers chapitres détaillent les principes fondamentaux de décoration, et soulignent les règles à respecter en matière de petits espaces ; ils vous aident également à prendre les bonnes décisions pour créer l'habitat idéal. Toutefois, avant de vous lancer dans la réalisation d'un projet, il convient de vous poser quelques questions essentielles quant à votre mode de vie, votre famille, vos préférences en matière de mobilier, et d'envisager les différentes options possibles. Désirez-vous des pièces à l'identité bien définie, ou au contraire un espace à vivre qui soit ouvert ? Quelles sont vos activités les plus importantes – cuisiner et recevoir, ou vous détendre et regarder la télévision ? Combien de temps passez-vous dans chaque pièce ? Et combien de personnes risquent de s'y trouver en même temps ? Afin d'obtenir une image claire du projet fini, il est essentiel de prendre tous ces critères en considération.

Cet ouvrage consacre ensuite un chapitre à chaque pièce de la maison, et vous guide dans le choix des couleurs, de l'éclairage, du mobilier, du sol et des accessoires, soulignant les écueils à éviter, suggérant des solutions d'optimisation de l'espace, et offrant des clés pour réduire au maximum l'encombrement des pièces. À la fin de chaque chapitre, vous trouverez des « idées déco », qui détaillent étape par étape l'élaboration d'une pièce et montrent comment, à partir de différentes composantes décoratives, on peut tirer le meilleur parti d'un petit espace.

ci-contre *Des couleurs claires alliées à des surfaces lisses créent un espace contemporain, aux lignes pures. Salon, cuisine et salle à manger : les activités sont regroupées sur un seul plan décloisonné.*

ci-dessous *Des briques apparentes mettent en valeur le mobilier et les matériaux fonctionnels.*

Aujourd'hui, la recherche d'espace est devenue une priorité, comme s'il s'agissait d'une nécessité absolue et non d'une préférence. Or, pour optimiser votre espace, il est essentiel de connaître vos motivations, et donc de commencer à définir vos besoins. De quel espace disposez-vous actuellement, et comment l'utilisez-vous ? Où désirez-vous plus d'espace et où pouvez-vous vous contenter de peu de place ? Qu'est-ce qui vous importe le plus : du rangement pour vos effets personnels ou un espace à vivre pour votre famille et vos amis ?

Pour être en mesure d'agrandir l'espace, vous devez d'abord apprendre à connaître votre maison, et à tenir compte de votre mode de vie, puis à combiner les deux pour définir les compromis et les ajustements nécessaires. Prenez votre temps et n'agissez pas sur un coup de tête : vos besoins à long terme s'accommoderont peut-être mal de décisions hâtives ; du reste, la décoration d'un intérieur – quelle que soit sa taille – ne se satisfait pas d'un investissement à court terme.

Le style de l'architecture doit guider votre approche décorative sans vous la dicter. Ainsi, un appartement dans un immeuble ancien peut être décoré dans un style moderne. C'est le caractère des constructions d'époque qui fait tout leur charme. Les lignes élégantes, les détails architecturaux originaux – y compris les murs irréguliers – contribuent à donner un cachet naturel à l'ensemble, et le fait d'opter pour une décoration et un mobilier sobres et contemporains est un des meilleurs moyens de les mettre en valeur. Concentrez-vous sur l'espace, et non sur la façade ou les installations intérieures. En effet, s'il est toujours possible de retirer ou de remplacer des portes ou des cheminées, ou encore de déplacer ou redessiner des murs et des escaliers, l'espace, lui, est immuable, aussi soyez sûr qu'il réponde à vos désirs.

1 Conception et priorités

Évaluation de votre mode de vie

ci-dessous *Trouver de l'espace pour ses affaires personnelles requiert un compromis entre rangement et décoration. Ici, livres, photos et autres objets sont réunis sur des étagères installées sous l'inclinaison du plafond afin de tirer le meilleur parti d'un espace plutôt difficile à aménager.*

Avant de planifier la décoration et l'ameublement d'un espace, imaginez déjà comment vous allez l'occuper. Vous pourrez ainsi récupérer de la place dans des recoins inutilisés et la redistribuer en fonction de vos besoins.

Réfléchissez à la façon dont vous passez la majeure partie de votre temps : préférez-vous cuisiner et recevoir, lire ou regarder la télévision ? Travaillez-vous chez vous ? Ou avez-vous un passe-temps qui nécessite de l'espace : peinture, bricolage ou musique ? Un célibataire qui ne rapporte jamais de travail à la maison, dîne régulièrement à l'extérieur et a une passion quasi-obsessionnelle pour le billard, aura davantage l'utilité d'une salle de jeux – ou d'un salon spacieux – que d'un bureau ou d'une cuisine intégrée. Par contre, pour celui qui a des enfants scolarisés et reçoit souvent à dîner, la priorité doit être donnée à une cuisine et à un lieu pour étudier.

QUESTIONS DE MODE DE VIE

Afin d'élaborer un projet qui vous corresponde, commencez par vous poser quelques questions basiques sur votre mode de vie.

Avez-vous des enfants ?

La réponse à cette question va déterminer la façon de distribuer et de décorer votre espace. L'espace de couchage sera la première considération : les enfants vont-ils avoir des chambres individuelles ou communes ? Ils tirent souvent au sort l'attribution des chambres, mais s'ils sont d'accord pour partager, mieux vaut leur attribuer la plus grande pièce et transformer la plus petite en bureau. Il faut également prendre en compte leurs études et leurs activités extrascolaires. Ces dernières vont varier en fonction de l'âge des enfants, mais il faudra compter à un moment ou un autre avec des espaces pour jouer, faire ses devoirs, s'exercer à un instrument de musique et convier des camarades à dormir. S'il n'y a pas suffisamment de place dans ou près de leurs chambres, il faudra en créer ailleurs, et l'aménager de façon appropriée : un canapé blanc et une moquette beige sont évidemment à déconseiller.

Travaillez-vous à domicile ?

Si vous travaillez à domicile, vous devez déjà avoir une idée de l'espace dont vous avez besoin, et ce critère doit devenir votre priorité lors de l'aménagement de votre intérieur. De plus, si vous évoluez dans un environnement bruyant, vous devrez vraisemblablement vous réserver un coin calme et isolé. Au contraire, si vous vivez seul, vous préférerez peut-être créer votre aire de travail dans la pièce principale. Si la place le permet, un bureau sera le bienvenu pour ceux qui, le soir, rapportent du travail chez eux.

Cuisinez-vous ou recevez-vous souvent ?
Pour vous, qu'est-ce qui compte le plus ? Un endroit spacieux où cuisiner pour votre famille et vos amis, ou suffisamment d'espace pour recevoir des convives et dîner en leur compagnie ? À vous de décider si vous désirez une cuisine spacieuse ou si préférez la limiter et réserver tout l'espace à la salle à manger. D'ailleurs, peut-être n'avez-vous pas besoin d'une cuisine séparée mais pouvez-vous l'englober dans un grand salon.

Avez-vous besoin d'une chambre d'amis ?
On n'imagine pas le nombre de foyers qui ont aménagé une chambre d'amis, qui reste pourtant vide la plupart du temps. Si votre pièce n'est pas occupée plus de quelques nuits par an, il vaudrait mieux la transformer en bureau ou en salle de jeux. Il vous suffit d'équiper la pièce d'un canapé convertible, que vous ouvrirez le cas échéant, et qui permettra une meilleure utilisation de la pièce.

Êtes-vous conservateur ou minimaliste ?
Les minimalistes sont si méticuleux qu'ils n'ont, en fait, pas besoin de beaucoup d'espace. Par contre, les « accumulateurs » vont devoir trouver des solutions pour ranger toutes leurs affaires, et seront obligés de faire appel à des systèmes de rangement très ingénieux.

Ces questions doivent vous aider à établir vos priorités et à déterminer si vous préférez plus d'espace pour la chambre ou le salon, si la cuisine est réservée à la confection des repas, ou si le salon doit comprendre une table pour dîner. Vous définirez l'espace nécessaire pour votre téléviseur ou autre équipement audio-vidéo, et si vous souhaitez les disposer sur des étagères ouvertes ou plutôt à l'abri du regard. À présent, il s'agit de savoir si l'espace dont vous disposez peut fonctionner en l'état, ou s'il doit subir quelques modifications pour répondre à vos besoins.

ci-dessous *Dans une petite cuisine, les surfaces réfléchissantes et le mobilier encastré augmentent l'impression d'espace et contribuent à lui donner un style sobre du plus bel effet.*

ESPACE CLOISONNÉ OU TOUT OUVERT ?

Les espaces ouverts, dénués de cloisons, paraissent splendides dans les livres ou les magazines, mais avant d'opter pour l'élimination de tous vos murs et la réunion de toutes vos pièces, pensez à l'intimité que vous allez perdre. Aurez-vous la discipline suffisante pour maintenir tout l'espace en ordre – vous ne pourrez plus rien dissimuler derrière une porte –, et ne regretterez-vous pas le confort et l'aspect douillet des petites pièces ?

Évaluation de votre espace

Chaque édifice possède sa propre personnalité. La forme, la taille, l'âge et l'architecture lui donnent un caractère unique et doivent être pris en compte lors de l'aménagement de votre espace.

Aussi, avant d'opter pour un concept bien défini, prenez le temps de découvrir votre habitat. Laissez-vous le temps de vous acclimater à votre nouveau domicile. Pas de précipitation !

Repérez le degré de confort des différentes pièces, en fonction des heures de la journée – quelle est la plus claire, la plus calme, celle qui offre la meilleure vue. Écoutez votre instinct et notez les lieux que vous avez tendance à éviter et ceux qui vous attirent. L'objectif est de tirer le meilleur parti de vos espaces favoris, et de trouver une solution pour réarranger les autres, peut-être, en retirant des portes ou en réunissant deux pièces.

Essayez de faire abstraction du cadre déjà existant et concentrez-vous sur l'espace et son potentiel. Ne vous laissez pas décourager par une tapisserie peu avenante ou une moquette défraîchie, et tâchez de faire la différence entre les installations permanentes et celles qui peuvent être changées. Par exemple, un placard peut toujours être démonté et remonté ailleurs, là où il sera utile.

DÉFINISSEZ VOS LIMITES

À ce stade du projet, il est très important d'évaluer l'espace dont vous disposez, de manière à révéler tout son potentiel. Ne soyez pas rebuté par un éventuel manque de place : connaître ses limites est la première étape vers la construction effective d'un projet. Dans une maison ou un appartement, il faut pouvoir visualiser le projet brut fini avant de décider exactement comment utiliser l'espace et assembler couleurs et mobilier.

Il est également important de se rappeler qu'un espace trop grand peut se révéler tout aussi problématique qu'un petit. En effet, avoir pour tâche l'aménagement d'un immense loft n'est pas chose aisée. Mais en ayant une idée très précise de l'espace dont on dispose, il est plus facile de prendre des décisions en réduisant le nombre de choix possibles.

PRÉLIMINAIRES

L'évaluation de votre espace va dépendre en partie de la vision que vous avez de votre habitat. Venez-vous d'y emménager, la tête remplie de projets et déterminé à en utiliser le moindre recoin ? Si tel est le cas, votre vision est dénuée de tout préjugé. En revanche, vous ne connaissez pas encore suffisamment bien votre intérieur pour envisager son aménagement, l'exploitation de l'espace, de l'éclairage, et vous ne voyez pas les détails, comme cette porte qui s'ouvre du

ci-dessous *Une tête de lit indépendante offre un espace de rangement et produit une jolie note décorative ; elle crée également un paravent qui sépare l'aire de couchage de la penderie.*

à gauche *Les boîtes de rangement encastrées sous la table s'harmonisent sans jurer avec les lignes basses de la décoration.*

ci-dessous *Les étagères placées en hauteur et au-dessus des portes permettent d'exposer des objets personnels et d'entreposer des articles peu utilisés.*

mauvais côté et obstrue le corridor... Prenez le temps de vous acclimater à votre nouvelle maison, pour avoir une idée de la façon dont vous y évoluerez.

Mais peut-être vivez-vous dans ce lieu depuis quelques temps déjà et vous paraît-il minuscule ? Dans ce cas, vous connaissez déjà les problèmes à résoudre ainsi que les pièces les plus confortables. Pourtant, l'habitude peut vous empêcher d'apprécier votre domicile sous un œil nouveau. Prenez un peu de recul et essayez de l'envisager vide.

L'ESPACE SENS DESSUS DESSOUS

Dans une maison, par convention, on vit au rez-de-chaussée et on dort au premier. Or, cette règle n'est guère logique : les pièces du haut reçoivent généralement plus de lumière – lumière gaspillée puisque ces pièces ne sont utilisées que la nuit. Dans de nombreuses maisons actuelles, la règle a été inversée : les chambres se trouvent au rez-de-chaussée, et le séjour est aménagé aux étages supérieurs. Vous gagnerez peut-être à repenser le plan de votre maison et à transformer les chambres en salon !

Options déco

POINTS À CONSIDÉRER

Avant d'opter pour des changements radicaux, familiarisez-vous bien avec votre environnement.

- Quelle est l'orientation de l'appartement ?
- Quelles pièces donnent sur la rue/le jardin/ou autres ?
- Quelles sont les pièces les plus lumineuses, en fonction des différentes heures de la journée ?
- Quelles sont les pièces les plus calmes ?
- Quelles pièces possèdent le plus d'espace mural et sont les plus spacieuses ?
- Quelles pièces ont la plus grande hauteur sous plafond ?
- Y a-t-il des pièces qui communiquent ?
- Y a-t-il des coins perdus ou des espaces inutilisables ?
- Certaines portes s'ouvrent-elles dans le mauvais sens ?
- Y a-t-il des corridors étroits pouvant être source d'obstructions ?
- Certaines portes ou recoins empêchent-ils l'aménagement d'une pièce ?
- Quels sont les murs porteurs et ceux qui ne servent qu'à diviser l'espace ?

UNE TOILE VIERGE

Il peut être judicieux de peindre tout l'espace en blanc – ou blanc cassé – de manière à commencer sur une toile « vierge ». Le blanc, couleur neutre et agrandissante, mettra en valeur les courbes de la pièce, définissant ses lignes et éclairant coins sombres ou angles malencontreux. Cette teinte vous permettra de voir votre espace tel qu'il est, sans fioritures ; très agréable à vivre, il vous laissera le temps d'adopter des critères de décoration plus personnels.

Les différentes options possibles

Une fois vos besoins définis et votre espace évalué, il est temps de comparer les deux résultats pour voir ce qui coïncide ou ce qui aura besoin d'être ajusté pour équilibrer le tout. Il est important de faire la différence entre priorités authentiques et désirs superflus ; d'ailleurs, pour tirer le meilleur parti de votre espace, certaines concessions seront certainement indispensables.

Faites une liste de toutes les activités ainsi que de tous les objets pour lesquels il faudra trouver une place – cuisiner, prendre ses repas, recevoir, travailler, se détendre, jouer d'un instrument, pratiquer un sport. À présent, divisez cette liste en deux : d'une part les « impératifs » qui regroupent les priorités absolues, et d'autre part les « optionnels » qui détaillent les choses que vous aimeriez avoir, si l'espace le permet. Ce procédé peut paraître évident, mais il s'agit là d'une tâche pouvant présenter de surprenantes variations d'une personne à une autre. Aussi, veillez à consulter tous les membres de votre famille pour prendre en compte leurs souhaits.

Si vous n'arrivez pas à décider sur quelle liste placer un objet, notez-le de 1 à 5. Reléguez tous les articles qui obtiennent 3 ou moins sur la liste des « optionnels », liste dans laquelle vous puiserez plus tard s'il vous reste de la place.

À présent, répétez le même principe pour les transformations esthétiques, depuis l'abattement des cloisons jusqu'à l'aménagement de la chambre d'amis. Attention, chaque décision est souvent à double tranchant, aussi, pesez bien le pour et le contre, et notez chaque proposition en fonction de votre désir d'exécuter les changements.

CHANGEMENTS RADICAUX

Certaines décisions vont s'imposer d'elles-mêmes, très facilement ; d'autres, en revanche, vont demander plus de réflexion. Et notamment, s'il est question de repenser la cuisine et la salle de bains. En effet, ces pièces, où la plomberie, l'électricité et l'agencement coûtent cher en main d'œuvre et en matériel, doivent se placer en tête de vos priorités si vous décidez d'y apporter des modifications.

D'abord, leur emplacement vous satisfait-il ? Est-il logique ? La salle de bains est-elle près des pièces que vous utilisez comme chambres à coucher ? Est-il facile d'accéder à la cuisine depuis la salle à manger ? Maintenant, pensez à leur superficie.

La salle de bains est-elle trop petite ? Préféreriez-vous transformer une des chambres en grande salle de bains et utiliser celle qui existe comme buanderie ? Échan-

Options déco

PESER LE POUR ET LE CONTRE

- L'abattement des cloisons procure davantage de place et de lumière, mais moins d'intimité et d'espace pour accrocher tableaux ou cadres.
- Dans une maison, aménager la salle de séjour à l'étage et les chambres au rez-de-chaussée procure plus de lumière pour le séjour, mais certaines personnes n'apprécieront guère.
- Incorporer la cuisine au salon permet de gagner de la place, mais implique aussi qu'il n'y a pas de porte pour faire barrages aux odeurs de cuisson ou pour dissimuler la vaisselle.
- Transformer la chambre d'amis en bureau ou en débarras permet de garder le salon propre et net, mais signifie que vous aurez peu de place pour recevoir vos hôtes.

ci-contre *Des demi-cloisons peuvent délimiter l'espace. Les larges fenêtres, le parquet et les hauts plafonds apportent une note industrielle, un peu comme dans un entrepôt.*

ci-dessus *Quand l'espace est restreint, le mobilier doit être choisi avec le plus grand soin. Privilégiez les formes sobres et les meubles pliants ; les rangements encastrés seront précieux pour dissimuler le désordre.*

geriez-vous votre luxueuse salle de bains pour un petit cabinet de douche, de façon à récupérer l'espace pour créer un bureau, qui vous serait plus utile ?

LIMITES PRATIQUES

Il faut maintenant dresser une liste des autres contingences qui vont dicter ce que vous pouvez ou non envisager. Quel budget pensez-vous consacrer au mobilier, à la décoration, et à d'éventuels travaux de restructuration ? Vous ne pourrez pas calculer précisément leur coût sans faire faire un devis par un entrepreneur, voire, le cas échéant par un architecte. Soyez prêt à revoir vos plans à la baisse et à accepter des options moins coûteuses ou quelques modifications improvisées.

Quelles tâches pourrez-vous mener à bien seul, et quelles autres nécessitent la présence d'un professionnel ? Et quelles perturbations êtes-vous prêt à tolérer ? On ne peut jamais prévoir avec certitude s'il est préférable d'exécuter les travaux soi-même ou de faire appel à un entrepreneur.

Ce qui est sûr, c'est qu'en vous emparant du projet, il faudra compter plus de temps et traverser des périodes de stress, de panique et de découragement. Si quelqu'un d'autre s'en charge, vous devrez supporter sa présence, aussi réfléchissez longuement avant d'arrêter une décision, et optez pour celle qui vous occasionnera le moins de nuits blanches et de querelles familiales.

Il convient de peser le pour et le contre de tous ces facteurs – votre façon de vivre, l'espace désiré, le choix des matériaux, votre budget – et d'établir un projet viable que vous mènerez à bien.

Occupation de l'espace

Avant d'entreprendre quoi que ce soit, il est indispensable de mesurer précisément votre habitat et de mettre des dimensions exactes sur votre espace. C'est alors seulement que vous pourrez concevoir un plan à l'échelle et débuter les travaux.

Donc, prenez les mesures de votre domicile, y compris la largeur des corridors, la largeur et la hauteur des portes, l'espace compris entre les fenêtres et les plafonds, et bien évidemment la longueur et la largeur de chacune des pièces. Ces mesures vont vous permettre de créer un plan à l'échelle. Commencez par dessiner un plan de l'espace (ou un plan pour chaque étage s'il y en a plusieurs), de façon à visualiser les différentes pièces et les aires qui vont être retravaillées, puis continuez par des plans individuels de chacune de ces pièces.

DESSINER UN PLAN

Vous pourrez suivre ce processus chaque fois que vous souhaiterez faire le plan d'une pièce. Pour chacun des plans, utilisez du papier millimétré ou quadrillé, sur lequel 2,5 cm représenteront 1 m. En utilisant plusieurs couleurs, indiquez tous les éléments fixes, comme les portes, les fenêtres, les alcôves et les cheminées, ainsi que les objets « semi-fixes », comme les radiateurs et les prises de courant. Il est très utile de connaître ces emplacements, mais attention, ils ne doivent pas vous influencer outre mesure car, généralement, ils peuvent être déplacés.

à gauche *Adjoindre un coin cuisine à une pièce permet de laisser beaucoup d'espace pour la salle de séjour. Des touches de couleurs vives réhaussent l'ensemble tout blanc, trop froid ou trop fonctionnel ; une petite table d'appoint transformera facilement la cuisine en salle à manger.*

à gauche *On a installé des tiroirs au sein de ces grosses marches, en dessous des montants, auxquels on accède depuis le côté ; ils offrent une aire de rangement bien utile pour le niveau inférieur. Le parquet de bois lisse est utilisé jusqu'en haut de l'escalier, donnant une impression d'espace et de continuité.*

Marquez les espaces que vous destinez à plusieurs activités, et à différentes périodes de la journée, puis songez au mobilier indispensable – placards de cuisine, lits, tables.

Déterminez les emplacements de ces articles, en veillant à laisser suffisamment d'espace pour circuler autour, étendre vos jambes, ouvrir les placards et les tiroirs, et ainsi de suite. Maintenant, ajoutez des objets plus petits, que vous pourrez déplacer à loisir et qui, le cas échéant, pourront même être éliminés, si la place venait à manquer. Si vous désirez essayer plusieurs possibilités, découpez des morceaux de carton qui représenteront vos meubles, et que vous déplacerez au gré de vos envies, jusqu'à finaliser un plan qui vous convienne.

Laissez-vous guider par l'architecture de la pièce, la luminosité, l'homogénéité de l'ensemble et l'usage envisagé. Toutefois, n'oubliez pas que parfois, il faut gaspiller un peu de place afin, justement, de donner une impression d'espace – le simple fait de laisser du vide agrandit automatiquement la pièce. Quelques coins vides et pans de murs nus donnent davantage une impression d'espace que s'ils étaient comblés.

Options déco

PLAN : PRINCIPES DE BASE

- Avant même de penser à la décoration d'un espace, il faut d'abord déterminer sa nature. Si besoin est, peignez-le en blanc pour en discerner clairement les formes.
- Déterminez où la lumière tombe, repérez les coins sombres et laids, ainsi que les parties les plus agréables, selon l'avancement du jour.
- Sachez pourquoi vous avez besoin de cet espace et comment vous comptez l'utiliser.
- Dessinez un plan à l'échelle la plus exacte possible, et indiquez-y toutes les pièces fixes.
- Marquez les emplacements des meubles principaux.
- Identifiez les espaces clés, comme les coins et les pans de mur, qui ne pourront abriter ni étagères ni autres rangements ou accessoires.
- STOP – ne commencez aucune modification, aucune peinture ni aucun achat, avant d'avoir lu le chapitre suivant : « Principes de décoration ».

FAIRE LE BILAN DE VOTRE MOBILIER

Vous possédez sans doute des meubles qui ne vont peut-être pas trouver leur place dans votre nouvel aménagement. Essayez tout de même de ne pas trop vous y attacher. Il peut y avoir quelques objets qui vous tiennent à cœur et que vous désirez conserver, mais d'une façon générale, soyez flexible. C'est le bon moment pour vous débarrasser de tous les objets inutiles ou démodés. Un objet peut souvent être rafraîchi, repeint ou recyclé pour convenir au style que vous avez en tête ; dans le cas contraire, ne soyez pas sentimental, jetez-le.

Optimisation de l'espace

ci-dessus *Le verre atténue l'aspect envahissant de certains meubles. Ainsi, une table avec un plateau en verre semblera occuper moins d'espace qu'une autre avec un plateau en bois. Utilisez les espaces situés dans les coins et sous les plafonds pour y installer des aires de rangement.*

Il n'est pas question de combler le moindre centimètre carré avec des étagères et des placards, mais vous aurez très vraisemblablement besoin de rangements pour éviter tout désordre. Optimisez les coins perdus et autres angles inexploités.

Que voulez-vous ranger ? Vêtements, chaussures, vaisselle et ustensiles de cuisine, livres, CD, et autres objets personnels. Les photographies et les lettres sont très précieuses, mais comme on les regarde peu, elles peuvent trouver une place dans un rangement « fermé », tandis que les couverts de cuisine, utilisés chaque jour, devront être placés à portée de main.

OÙ REGARDER

Tout d'abord, il convient de regarder partout où il y a des recoins, car ces espaces peuvent servir de rangement sans empiéter sur la superficie utile de la pièce. Ainsi, des niches, situées de part et d'autre d'une cheminée peuvent être transformées en étagères, placards ou penderies, et sont suffisamment profondes pour accueillir des appareils volumineux comme un téléviseur ou une chaîne hi-fi. Les niches moins profondes seront parfaites pour des livres et des CD. Les cheminées elles-mêmes constituent des aires de rangement très utiles : si elles ne sont plus en état de marche, rien ne vous empêche d'en retirer le cadre et d'en retapisser le fond, de manière à créer un placard spacieux et pratique.

À vous de décider si vous souhaitez garder ces rangements ouverts ou si vous préférez les fermer, en leur adjoignant des portes. Les portes rendent une pièce plus nette, et offrent une continuité avec la ligne des murs, mais rappelez-vous qu'il faut prévoir de l'espace pour leur ouverture ou optez pour des portes coulissantes.

Souvenez-vous du concept des priorités que nous avons vu précédemment – des concessions sont inévitables si l'on souhaite créer des aires de rangement efficaces pour les objets qui nous tiennent à cœur. Dans la section « Place nette » (voir page 36), vous trouverez des conseils pour vous aider à faire le tri.

RECOINS INSOLITES

Ne boudez pas les endroits élevés qui peuvent servir de rangement sans encombrer la pièce. Les étagères situées à hauteur de cadres ou au-dessus des portes nécessiteront probablement un escabeau pour y accéder, mais elles sont très pratiques pour exposer des objets décoratifs, des livres ou d'autres articles dont vous n'avez pas un usage quotidien. On perd souvent de la place derrière les portes, soit parce qu'on ne pense pas à l'utiliser, soit parce que la porte elle-même obstrue tout accès. Pourtant, il y a certainement un pan de mur suffisant pour y installer quelques étagères.

Au niveau du sol, utilisez l'espace qui se trouve sous les lits ou autres meubles. Des paniers, boîtes, cartons ou plateaux, montés sur roulettes peuvent être glissés en dessous.

Un moyen efficace de gagner de la place est de créer des doubles cloisons comprenant des étagères dans la partie creuse, auxquels on accède par des portes montées des deux côtés du mur.

Néanmoins, ne vous sentez pas obligé de remplir chaque centimètre carré d'éléments de rangement. En effet, des espaces relativement larges, comme un palier ou un soubassement d'escalier peuvent être suffisamment spacieuses pour créer des pièces miniatures, placer un bureau, une chaise, ou même un petit lit d'appoint.

à gauche *Si vous ne comptez pas utiliser votre cheminée, débarrassez-la de son cadre et transformez-la en aire de rangement, avec ou sans étagères. Ici, cet espace est parfait pour entreposer une série de chaises pliantes dont on n'a besoin qu'une fois la table dressée ; ainsi, le reste du temps, elles n'encombrent pas l'espace vital.*

Options déco

POINTS À VÉRIFIER POUR LE RANGEMENT

Répertoriez tous vos effets sous les libellés répertoriés ci-dessous, et décidez s'ils doivent être exposés, facilement accessibles ou rangés jusqu'à ce que vous en ayez l'utilité.

- Vêtements et chaussures
- Manteaux, parapluies et autres accessoires d'extérieur
- Linge de table et serviettes de bain
- Livres et magazines
- CD, vidéos et DVD
- Vaisselle et accessoires de cuisine
- Porcelaine et verrerie
- Outils et gadgets
- Dossiers et fournitures de bureau
- Lettres, factures et papiers importants
- Papiers personnels
- Photographies, coupures de journaux, vieux programmes de théâtre et autres souvenirs
- Objets d'art, articles en verre, objets précieux et de collection

AMÉNAGEMENT VERTICAL

De nombreuses maisons, aux plafonds hauts et majestueux, ont été fractionnées en appartements, si bien que toutes les proportions ont été gâchées. Réintroduisez l'harmonie en occupant l'espace soit avec une mezzanine où vous installerez votre lit, soit avec des pans d'étagères ou de placards.

Mise en place d'un plan d'action

À présent, vous devez avoir une idée de ce que vous voulez faire de chaque pièce de votre maison. Tout dépend maintenant de ce que vous allez pouvoir exécuter par vous-même et des pièces qui sont les plus importantes pour vous.

Pour rénover entièrement une maison, il est généralement conseillé de commencer par le haut et de descendre vers les niveaux inférieurs, de manière à nettoyer les gravas et les débris au fur et à mesure ; néanmoins, pour des raisons personnelles, certaines pièces risquent de devenir prioritaires. Par exemple, une salle de bains confortable et bien agencée est souvent une priorité absolue, car c'est un endroit où l'on peut se détendre alors que tout le reste de la maison baigne dans le chaos. La cuisine est importante, mais si vous possédez des appareils électroménagers en bon état de fonctionnement, sa décoration pourra attendre ; par contre, si vous travaillez à la maison, il est essentiel de prévoir un bureau fonctionnel, avec prises de courant et téléphone.

Essayez de résister à la tentation de commencer un projet sur un coup de tête. Définissez vos priorités et distinguez ce qui est urgent de ce qui peut attendre.

CHAQUE CHOSE EN SON TEMPS

Vous devez remplacer les placards de la cuisine, mais avant, vous avez envie de modifier la disposition de la pièce car l'emplacement de l'évier ne vous satisfait pas, et bien entendu, rien ne peut se faire avant d'avoir déplacé la fenêtre, et ainsi de suite...

à gauche *Rehausser un meuble sur des pieds produit un effet plus spacieux. La traditionnelle méridienne constitue une option plus sobre qu'un canapé conventionnel de deux ou trois places.*

Options déco

POINTS À VÉRIFIER

- Modifications structurales
- Plomberie et électricité
- Élimination des vieilles peintures et tapisseries
- Replâtrage, le cas échéant
- Ponçage des sols
- Installation de nouveaux revêtements de sols
- Décoration
- Ameublement

à gauche *Des murs blancs, du parquet de bois optimisent l'impression d'espace de cette pièce. La puissante ligne verticale créée par la colonne donne de la hauteur au plafond, et les deux murs situés sur la gauche ajoutent un rythme et une perspective intéressants à l'architecture de la pièce.*

Même si ce n'est guère amusant, les opérations structurelles doivent passer en premier, ce qui implique le repositionnement des fenêtres et le traitement des bois abîmés. Ensuite, viennent les travaux de plomberie et d'électricité ; et c'est le moment de penser à l'éclairage et, le cas échéant, à la réorganisation de la cuisine ou de la salle de bains.

À présent, vous pouvez racler la vieille peinture ou la tapisserie, et accomplir les éventuels travaux de replâtrage (il faudra compter un important laps de temps pour le séchage avant de peindre ou de tapisser par-dessus). Si vous décidez de poncer les sols, cette opération créant beaucoup de poussières, n'attendez pas d'avoir peint la pièce. À ce stade, il est possible de poser un nouveau revêtement de sol, mais n'oubliez pas de le recouvrir avec une bâche lorsque vous effectuerez vos travaux de peinture.

Établissez un calendrier réaliste, en soulignant les tâches qui risquent d'être les plus délicates (par exemple, lorsque l'eau et le gaz devront être coupés). À ces dates-là, prévoyez de passer du temps chez des amis ou de partir en vacances.

Enfin, lors des différentes opérations de peinture, vernis et ponçage des sols, il faudra veiller à tenir à distance enfants et animaux domestiques.

BILL BRYSON
RM SCHINDLER

Certains principes s'appliquent en toutes circonstances, quelle que soit la décoration envisagée. Les petits espaces nécessitant des aménagements spéciaux, ces principes doivent être suivis avec d'autant plus de rigueur. Les couleurs, l'éclairage et les motifs choisis jouent tous un rôle important, et il est primordial de se montrer astucieux dans le choix et la disposition de son mobilier. La forme, le style et le matériau de vos meubles auront un fort impact sur le projet fini, il convient donc de s'assurer qu'ils mettront en valeur l'espace, plutôt que de l'encombrer. Il existe de nombreux moyens de donner une impression d'espace – surfaces lisses, couleurs claires, mobilier sobre – qui s'accordent naturellement avec les lois de la décoration moderne. Il n'est pas toujours évident de libérer de la place et de contenir le désordre si l'on a une prédilection pour des rideaux à volants et des lits à baldaquin. Mais quelques briques de verre, un éclairage subtil, des stores en toile et un parquet de bois très sobre vous faciliteront la tâche.

Tous ces principes vont vous aider à optimiser votre espace, et peut-être n'aurez-vous plus besoin de faire tomber certains murs ou de réunir plusieurs pièces. Grâce à un choix de couleurs judicieux et à des jeux de trompe-l'œil, les plafonds paraîtront plus élevés, les corridors plus larges, et les pièces plus spacieuses, sans pour autant supprimer des cloisons. Et si vous apprenez à être plus organisé dans l'élaboration de votre rangement et à faire un choix plus radical de votre mobilier, vous récupérerez un espace dont vous ne soupçonniez pas l'existence.

2 Principes de décoration

Les couleurs

ci-dessous *Cette décoration claire allie couleurs modernes et esprit classique. Le métal et le verre, alliés à la simplicité des stores, mettent en valeur les angles de la baie vitrée.*

La couleur est l'élément prédominant grâce auquel les pièces prennent vie, car elle fournit un impact visuel immédiat en établissant leur atmosphère et en soulignant leur architecture. Premier principe : les teintes claires agrandissent l'espace.

Donc, dans une petite salle de séjour, les blancs et les blancs crème s'imposent. Ces teintes sont sobres et élégantes, offrant un fond neutre contre lequel le mobilier, les cadres et les objets décoratifs sont bien mis en valeur. Les blancs les plus lumineux créent un environnement dépouillé et froid, qui fonctionne à merveille pour des appartements décorés dans un style loft.

Toutefois, un blanc lumineux peut se révéler trop froid dans une pièce qui ne reçoit pas beaucoup de lumière naturelle. Dans ce cas, optez pour des tons crème, du blanc cassé ou une des nombreuses nuances de blanc disponibles dans le commerce. Il est très difficile de trouver un blanc absolument pur, mais il existe des centaines de blancs « de créateurs » qui vous permettent de trouver la richesse exacte de la tonalité que vous souhaitez.

Par convention, on considère que se limiter à une seule couleur agrandit l'espace en lui donnant un effet qui semble, à première vue, unique et unifié. Pourtant, les pièces ont besoin d'accents et de définition, de la même façon que la ponctuation clarifie le sens d'une phrase. Des ombres naturelles vont fournir leurs propres contrastes subtils, et si vous mélangez du blanc et du crème, vous constaterez que vous pouvez mettre en valeur une multitude de tonalités, et enrichir ainsi votre fond neutre sans pour autant modifier votre concept de départ ou avoir recours à d'autres coloris.

DES TONS NEUTRES PLUS INTENSES

Pour gagner un peu en couleur et se démarquer des blancs purs et blancs cassés, on fera appel à la palette, plus riche, des mastic, taupe, café et chocolat, tonalités élégantes et modernes qui cohabitent parfaitement bien, et possèdent de profondes affinités naturelles avec les lignes et les textures d'un mobilier contemporain.

à gauche *En dépit de son style architectural traditionnel, cette pièce offre une atmosphère simple et sobre, grâce aux lignes modernes du canapé et à la petite table aux pieds métalliques qui l'accompagne. Les riches textures des tapis et des plaids empêchent l'ensemble de paraître froid et peu accueillant.*

couleurs

BLANCS ET CRÈME

NEUTRES PLUS INTENSES

Il faudra cependant veiller à l'équilibre des nuances chaudes et froides de la pièce : les gris et certains dégradés de mastic auront un effet indubitablement froid, alors que les tons café, chocolat et les neutres plus rosés ou crémeux ajouteront de la chaleur.

N'essayez pas de mélanger trop de dégradés de couleurs : contentez-vous d'un ton clair pour les murs et les sols (ou alors d'une teinte légèrement plus sombre pour ceux-ci), puis construisez votre décor contre ce fond neutre, en ajoutant des meubles en demi-teintes et des accessoires dans des tons moyens et sombres.

JEUX DE TEXTURES

Lorsque le spectre chromatique est limité, la texture prend plus d'importance, elle devient le seul moyen de permettre contrastes et personnalité. Les revêtements de sol en matières naturelles comme la fibre de coco, le sisal, le jonc de mer et le jute apporteront leur contribution par leur texture et la sobriété de leur trame. Des matériaux doux et naturels comme le cuir et le bois présenteront des contrastes très heureux avec le métal et le verre polis. Lins épais, cotons et frais calicots, velours et daim soyeux, laines douces : différentes sortes de tissus peuvent aussi fournir d'intéressantes textures.

DES COULEURS PLUS INTENSES

L'introduction d'autres couleurs dépend principalement de votre désir d'agrandir ou non l'espace. Plus la couleur est intense, et plus elle est présente, faisant ainsi avancer les murs et rendant les pièces plus petites. Il faut donc apporter un soin tout particulier à son choix. On peut décider que certaines zones (chambres à coucher et salles à manger notamment) n'ont pas besoin d'espace démesuré et peuvent en revanche gagner en chaleur et en intimité. Les couleurs chaudes (rouges, jaunes, orange) renforceront ce sentiment, tandis que les tonalités froides (bleus, verts et lilas) aideront à effacer les murs. Néanmoins, lors de la décoration d'un petit espace, n'excluez pas systématiquement toutes les couleurs chaudes. En effet, quelques touches colorées sur certains murs, alcôves, ou encore réservées à quelques meubles, ajouteront énergie et vitalité et insuffleront de la vie à une pièce un peu trop neutre. En introduisant une perspective très colorée – par exemple au bout d'un corridor ou par une porte menant à une autre pièce – on peut accentuer l'impression d'espace en invitant l'œil à regarder plus loin.

Les salles de séjour seront plus relaxantes décorées dans des tons neutres et clairs, mais une note de couleur visible depuis d'autres pièces les agrandira et offrira de nouvelles perspectives. Des portes de placards peintes de couleurs vives, un joli panneau coloré accroché comme une peinture moderne sur un mur tout blanc, ou encore un vase de créateur judicieusement placé pour capter la lumière ajouteront esthétisme et énergie.

Pour un effet beaucoup plus spectaculaire, faites appel à des touches de peinture fluorescente dont les propriétés naturellement réfléchissantes inonderont votre pièce de lumière. Cette technique est particulièrement conseillée pour les chambres d'enfants ou les aires de jeux, car elle permet d'obtenir un ensemble gai et stimulant tout en ajoutant une illusion d'espace.

UN MOTIF SUPPLÉMENTAIRE

Si les couleurs unies agrandissent l'espace, tout ce qui interrompt cette unité chromatique produit l'effet inverse. Mieux vaut éviter les motifs chargés dans les petites pièces, à

ci-dessus *De larges surfaces rouge vif et rose intense sur les murs, les sols et le tissu d'ameublement, créent un ensemble stimulant et lumineux.*

à gauche *Le bleu clair agrandit toujours les petits espaces, car cette couleur étant effacée, elle semble faire reculer les murs. Ici, on l'a utilisée pour transformer un placard en meuble de bureau : les parois, les étagères et l'intérieur de la porte ont été peints d'une même tonalité, patinée, afin de renforcer l'impression d'espace.*

moins de rechercher un aspect douillet et intime, car ils induisent une impression d'ensemble tellement intense qu'on peut avoir du mal à s'en accommoder.

Si vous êtes las des murs unis, essayez plutôt un effet patiné qui va adoucir la surface en lui donnant une nouvelle texture, sans pour autant la surcharger d'un motif envahissant. On peut également se contenter de motifs fins et discrets, comme de minuscules détails floraux, ou encore du vichy ou des pois, particulièrement adaptés aux chambres à coucher et chambres d'enfants. Ou encore envisager des rayures fines et subtiles qui, utilisées judicieusement, peuvent augmenter la hauteur ou la largeur d'une pièce. Pour plus de détails, reportez-vous page 48, à la section «Illusions d'optique».

Couleurs

GAIN DE PLACE

EFFET SPECTACULAIRE

Lumière naturelle

ci-dessous *Les volets à claire-voie mettent en valeur l'élégante architecture de ces hautes fenêtres. Ils filtrent la lumière pour éviter que cette pièce, toute habillée de blanc, ne paraisse trop lumineuse et inconfortable les jours de plein été.*

La lumière naturelle agrandit l'espace et lui donne son caractère. Même si elle est inévitablement limitée par la taille et l'orientation des fenêtres, on peut toujours faire entrer davantage de luminosité dans des pièces sombres en libérant l'espace des fenêtres et en évitant le désordre ; de plus, il est possible de faire appel à des surfaces réfléchissantes qui vont décupler le capital lumière déjà présent.

De simples stores, ou d'élégants volets remplaceront avantageusement rideaux et doubles rideaux à volants et à fioritures, pour optimiser la lumière disponible.

STORES ET VOILAGES

Les stores bateau et à enroulement permettent d'adoucir légèrement la décoration avec des panneaux de tissu, qui ne dévoileront qu'une bande colorée – parfois imprimée – une fois levés. En optant pour de la mousseline blanche ou du voile, vous pourrez les garder descendus car ces matières garantissent votre intimité tout en laissant filtrer suffisamment de lumière dans la pièce. Les stores vénitiens à lattes, disponibles en plastique, métal ou bois, agissent comme des variateurs de luminosité, puisqu'il suffit de changer leur angle d'ouverture pour réguler le flux de lumière ; ils s'intègrent à merveille avec le style fonctionnel et dépouillé des appartements modernes.

Il existe également de jolis panneaux de tissus, compromis entre rideaux et stores, qui sont encore plus simples. Fabriqués à partir de voilage transparent et fixés sur une rampe ou un filin métallique tendu au-dessus de la fenêtre, ils constituent une version moderne des voilages d'antan.

DES RIDEAUX EN OPTION

Il n'est pas question de renoncer aux rideaux, mais d'éviter les matériaux trop lourds qui deviennent rapidement très encombrants. Préférez de longs rideaux, qui confèrent hauteur et élégance, des matières transparentes – mousseline ou organdi – qui vont habiller les vitres d'un film soyeux. Garnissez-les de pattes en tissu, d'œillets ou de petits crochets qui glisseront facilement sur une tringle fine.

VOLETS TRADITIONNELS

Les volets intérieurs sont intemporels et s'adaptent très bien aux décorations modernes et prouvent que les fenêtres les plus élégantes n'ont pas besoin d'ornements élaborés. Si vous souhaitez installer de nouveaux volets, des modèles en bois traditionnels peuvent être faits sur mesure, mais vous pouvez opter pour des variantes plus contemporaines, comme de simples panneaux de MDF, montés sur charnières, ou de polypropylène blanc, à tendance ultra-moderne.

ci-dessus *Pour s'abriter, cette petite fenêtre n'a besoin que d'un simple rideau que l'on a plié au sommet pour former une large cantonnière. Le ruban appliqué le long de l'ourlet du bas apporte une note de couleur qui s'accorde au bois et à l'appui de la fenêtre.*

ci-dessus *Les volets intérieurs pliants sont parfaits pour les cuisines car ils n'encombrent pas la pièce. Ceux-ci ont été peints dans une nuance coordonnée au carrelage mural ; les profonds appuis des fenêtres créent des surfaces de travail supplémentaires.*

DES VITRES GRAVÉES OU DÉPOLIES ?

Si vous êtes certain de pouvoir vous passer de la vue, laissez donc les vitres fournir leur propre habillement. Le verre peut être décapé par des vitriers professionnels (opération coûteuse) pour créer un effet gravé ou dépoli incorporant des motifs qui lui seront propres, réfléchis à partir d'éléments de l'extérieur et de détails abstraits. Vous pouvez également créer votre propre décor en appliquant directement un film adhésif.

Lumière réfléchie

Pour accroître le flux de lumière naturelle, installer des surfaces réfléchissantes dans la pièce est idéal.

LES MIROIRS

Un immense miroir accroché sur le mur d'une petite pièce va doubler l'espace perçu, en accroissant la lumière disponible, et en exposant une image réfléchie qui la fait apparaître deux fois plus grande. Positionnez-le de façon à ce que la vue réfléchie soit la plus intéressante possible lorsqu'on pénètre dans la pièce. Évitez de disposer deux miroirs face à face, car vous n'obtiendriez qu'une succession de dégradés d'images identiques. Pour un effet plus subtil et plus convaincant, placez plutôt un grand miroir dans une alcôve ; comme les bordures du miroir ne seront pas visibles, on aura l'impression que la vue réfléchie fait partie de la pièce elle-même. Vous obtiendrez un résultat similaire en groupant plusieurs petits miroirs, un peu comme un pêle-mêle de tableaux.

AUTRES SURFACES RÉFLÉCHISSANTES

Le mobilier chromé, les revêtements de sol et les plans de travail en aluminium, ainsi que

à gauche *Les surfaces métalliques réfléchissent la lumière dans la cuisine, mettant en valeur les spots dissimulés à la base du mur. Les plans de travail brillants, les façades des tiroirs, le revêtement mural et la table de cuisson finissent par composer une surface unie.*

Options déco

SURFACES RÉFLÉCHISSANTES

- Miroir
- Métal
- Verre
- Bois vernis
- Cuir glacé
- Peinture brillante et laques
- Tissus en satin
- Céramique vernissée (carrelage et vaisselle)

à gauche *Un mur composé de briques de verre laisse circuler la lumière tout en préservant votre intimité. Les éléments et les accessoires en chrome brillant ajouteront d'autres reflets.*

les appareils ménagers en acier chromé possèdent tous des propriétés réfléchissantes qui aideront à agrandir l'espace et à le rendre plus lumineux.

D'autres accessoires plus petits, avec un fini brillant ou lustré vont également capter la lumière, augmentant ainsi l'effet d'agrandissement de l'espace. Donc, pour la cuisine et la salle de bains, privilégiez le carrelage en céramique, dans la salle à manger, optez pour de la céramique vitrifiée et du verre, et dans une chambre à coucher romantique, choisissez des couvre-lits en satin et des lustres en cristal.

à gauche *Cette applique murale dissimule la source lumineuse qui enveloppe le mur d'un doux halo. Le fini en métal mat du modèle confère un aspect fonctionnel et sobre à ce décor.*

Planifier l'éclairage

ci-dessous *Ce bouquet de suspensions en acier offre un effet visuel qui permet d'intégrer la partie métallique brillante dans le décor. La lumière est dirigée vers le bas, tandis que les câbles sont coordonnés aux barres d'acier verticales de la galerie.*

L'éclairage ambiant a pour objectif de recréer la lumière naturelle. L'éclairage fonctionnel, lui, doit apporter une lumière appropriée à des zones spécifiques, bureaux, miroirs de salles de bains, plans de travail des cuisines. Et enfin, l'éclairage d'accentuation est chargé de souligner ou d'adoucir l'architecture de la pièce et d'apporter à l'atmosphère jeux d'ombres et de contrastes. Ainsi, si on opte pour un bon éclairage fonctionnel dans un bureau, dans une chambre à coucher calme, un éclairage d'accentuation s'impose. D'une façon générale, une combinaison judicieuse des trois types d'éclairage permet d'allier confort, esthétisme et fonctionnalité.

LES APPROCHES MODERNES

Très souvent, l'éclairage ambiant relevait d'un plafonnier, le fonctionnel, de lampes de lecture sur les bureaux et de néons dans la cuisine, et celui d'accentuation de plusieurs lampes de table éparpillées ici et là. Aujourd'hui, les détails sont plus élaborés, et il est souvent difficile de deviner le rôle joué par chacun des luminaires présents dans une pièce.

On apprécie davantage le côté fonctionnel et on privilégie l'approche utilitaire, sans frivolité ni coquetterie ; ce qui explique pourquoi même les ampoules n'ont plus besoin d'être déguisées. On fixe audacieusement de gros spots sur des rampes ou des lampadaires, et même les néons sont disponibles en des coloris si vifs qu'ils ont tôt fait de transformer une pièce en décor de science fiction. Ainsi, les objets qu'on s'évertuait naguère à dissimuler sont devenus décoratifs en soi.

Une autre différence réside dans l'installation de l'éclairage et l'orientation de son faisceau lumineux. On cherche à effacer le cadre de l'espace sans en souligner les limites ou les éventuelles imperfections. Dans les petites pièces, par exemple, l'éclairage revêt une importance capitale car l'œil humain, capable d'évaluer les distances instinctivement, recourt pour cela à la lumière. En plaçant les luminaires aux extrémités d'une pièce, on met en valeur ces distances, et donc, on agrandit l'espace.

Cherchez également des endroits où le faisceau lumineux va mettre en valeur des angles intéressants et produire d'intrigants jeux d'ombres.

Options déco

UN ÉCLAIRAGE RÉFLÉCHI

Dans la mesure du possible, il est préférable de définir votre éclairage avant de commencer votre décoration, de manière à faciliter l'installation de tous les fils, des appliques et des spots dissimulés dans les plafonds avant de peindre les surfaces. Mais tout n'est pas perdu pour autant si vous avez ignoré cette étape. En effet, certaines rampes de spots peuvent être montées de façon standard au plafond, et tant que vous disposez de nombreuses prises de courant (prévoyez-en deux au minimum dans une pièce de taille moyenne), vous pourrez avoir recours à des lampadaires qu'il vous suffira de brancher pour qu'ils offrent une belle lumière, où que vous les posiez. Enfin, préférez les modèles de lampes de bureaux en métal, nettement plus modernes et esthétiques que celles habillées d'abat-jour en tissu.

PLAFONNIERS

Si les modèles sont adaptés à votre décor, ne renoncez pas à installer un plafonnier. Des abat-jour en papier discret, ou en verre, acrylique ou plexiglas offriront un style tout à fait contemporain, et les lustres à pendeloques apporteront une touche artistique. Le concept reste certes traditionnel, mais à condition que les modèles soient sobres ou informels, voire un peu bohèmes, plutôt que clinquants et guindés, leur lumière étincelante et pluridirectionnelle produira un effet d'un grand esthétisme.

TYPES D'AMPOULES

La qualité de la lumière dépend de la nature des ampoules utilisées.

- C'est l'ampoule traditionnelle aux multiples usages, disponible sous plusieurs formes et voltages – plus le voltage est élevé, et plus la lumière sera blanche et brillante.
- L'ampoule est à moitié argentée et dirige la lumière vers le bas ; convient bien aux spots.
- Cette ampoule fournit une lumière plus brillante, parfaite pour créer des effets sophistiqués. Attention, les lampes halogènes ne doivent jamais être branchées sans transformateur.

ci-dessous *Cette décoration sobre combine petits spots discrets et jolies lampes orientables en fonction de l'éclairage souhaité.*

SOLUTIONS D'ÉCLAIRAGE

- Pour un éclairage élaboré immédiat, choisissez des ampoules halogènes que vous imbriquerez dans des boîtes munies de transformateurs et que vous brancherez directement là où bon vous semble. On peut faire varier le faisceau lumineux entre 8 et 50 degrés. Naturellement, l'effet produit sera différent, aussi n'hésitez pas à essayer diverses orientations – sols, étagères et plateaux de tables. Enfin, pour un éclairage plus vif, achetez des ampoules à facettes (dichroïques), légèrement plus onéreuses.
- Si vous optez pour une nouvelle installation électrique, sachez qu'il est plus facile d'installer des lampes au sol que de placer des appliques murales ou des plafonniers ; en effet, il est moins pénible de faire circuler les fils dans les plinthes que de percer murs et plafonds déjà peints.
- Les variateurs de lumière sont vivement recommandés car ils vous permettent de contrôler immédiatement la luminosité, et donc de modifier à loisir l'atmosphère de la pièce.

APPARTEMENTS EN REZ-DE-CHAUSSÉE

Il est primordial d'installer un éclairage adéquat dans les appartements situés en rez-de-chaussée, où le manque de luminosité peut devenir source de problèmes. Un éclairage judicieux embellit l'espace en dissipant les zones d'ombre et peut créer de merveilleux effets décoratifs. Les plafonds étant généralement plus bas à cet étage, évitez les lustres et préférez des lampadaires ou des appliques murales, ou encore tout simplement des lampes de table.

Le mobilier

ci-dessous *On a opté ici pour des meubles bas qui s'accordent bien avec les proportions de la pièce et l'on a misé sur des lignes nettes, géométriques, qui entretiennent l'effet dépouillé. Les nombreux coussins permettent de ne pas sacrifier le confort à la fonctionnalité.*

On ne devrait jamais choisir son mobilier sans tenir compte de la pièce qu'il va occuper, surtout lorsque celle-ci n'est pas grande.

N'achetez jamais vos meubles sans vous munir des mesures exactes de votre espace disponible, et d'un mètre afin de vérifier les dimensions de chaque article que vous comptez acquérir. Dans un souci d'harmonie, n'oubliez pas que les petites pièces requièrent des meubles à la même échelle, aussi soyez très vigilant sur le choix des gros meubles comme les canapés et tables de salles à manger. Un mobilier de taille réduite agrandira aussi votre intérieur.

Tenez également compte de l'architecture de votre espace, et privilégiez les modèles compacts aux formes géométriques qui s'imbriqueront bien dans les angles de la pièce. Les meubles aux courbes sobres conviennent également très bien car ils prennent moins de place que les canapés à accoudoirs démesurés ou les vieilles bergères d'antan. Les modèles fuselés comme les chaises à dossier droit plus étroit en haut renforceront également l'impression d'espace.

Évitez tous les détails inutiles qui gâchent la sobriété de la décoration, et préférez des tissus unis aux imprimés pour que le mobilier ne morcelle pas trop l'espace. Essayez d'optimiser l'espace et la lumière dans chacune de vos pièces : par exemple, des sofas et des fauteuils avec des pieds légèrement surélevés sembleront moins volumineux. Abusez également des matériaux transparents qui se fondent avec l'environnement : les plateaux de table en verre et les chaises en polypropylène ont la capacité de se faire oublier, ce qui est une aubaine pour les petites salles à manger.

PLUS DE FONCTIONNALITÉ

Si votre espace est vraiment limité, recherchez des modèles pliants et empilables, ainsi que des meubles montés sur roulettes qui peuvent aisément être rangés quand on ne les utilise pas. On peut fixer de grosses roulettes individuelles sur les pieds de son mobilier pour le rendre immédiatement mobile. On peut également trouver toutes sortes de meubles polyvalents, « deux en un », qui permettent de doubler l'espace. Par exemple, un coffre pourra servir de rangement mais aussi de table basse.

De même, un panier à linge judicieusement choisi pourra faire office de siège dans la salle de bains, où l'espace est toujours très limité. Installez aussi des sèche-serviettes muraux électriques qui, en plus de leur fonction primaire, chaufferont la pièce.

AMÉNAGEMENT ET DISPOSITION

Laissez l'architecture de la pièce guider la disposition du mobilier, en plaçant vos meubles là où ils flattent ses proportions. Ne vous croyez pas obligé de combler le moindre centimètre carré. C'est d'ailleurs le moment de trier sans concessions toutes vos affaires : éliminez tous les meubles mal adaptés ou qui ne sont pas strictement indispensables à votre confort. Si la salle de séjour ne peut accueillir qu'un seul fauteuil, déplacez son pendant dans la chambre ou le bureau. Si votre table de salle à manger gagne à être entourée de quatre chaises plutôt que de six, redistribuez les deux restantes dans les autres pièces. Une pièce réussie doit paraître harmonieuse dès qu'on y pénètre ; les lignes et pièces maîtresses doivent la rythmer avec goût, et l'espace doit être suffisamment aéré pour permettre de s'y déplacer aisément. Rappelez-vous que le vide est essentiel à l'aménagement d'une pièce. Moins il y aura de meubles, et plus la pièce semblera spacieuse.

DE LA THÉORIE À LA PRATIQUE

Tenez compte des qualités et des exigences propres à votre espace... et suivez votre instinct ! Parfois, la prudence s'impose avant de se lancer dans des travaux onéreux et irréversibles – comme l'abattement de murs – mais en revanche, il n'y a aucune contre-indication à changer à l'envi la disposition de votre mobilier, jusqu'à ce que vous obteniez un résultat particulièrement satisfaisant.

Options déco

MOBILIER ENCASTRÉ

- En règle générale, ce sont les meubles encastrés qui mettent le mieux en valeur l'espace, car, en plus d'offrir un fini plus harmonieux, ils permettent d'y ranger bien plus de choses. Des étagères ou des placards peu profonds montés contre un mur, et courant du sol au plafond, accueilleront une multitude de livres, CD, vaisselle et autres objets ; ils seront également plus discrets et moins encombrants qu'un groupe de meubles ou bibliothèques individuels.

ci-dessous *Dans un espace réduit, des sièges modulables s'assemblent en différentes combinaisons ou s'utilisent individuellement.*

Place nette

ci-dessous *Pour éviter le désordre, de profonds tiroirs ont été glissés sous ce lit, rendant inutile un meuble supplémentaire qui réduirait l'espace disponible de la pièce.*

Petits espaces et désordre ne font pas bon ménage. Si trop de choses sont exposées au regard, toute la décoration de la pièce en pâtira, et l'impression d'ensemble sera confuse et peu avenante. De plus, le désordre a une influence directe sur l'humeur : on est beaucoup plus à l'aise et détendu dans un environnement calme et bien rangé.

Nos intérieurs sont sans cesse assaillis par le désordre. Il y a d'abord les choses qui s'accumulent chaque jour (journaux, factures, linge sale) et celles qu'on acquiert au fil des années (livres, vêtements, photographies, meubles). Il est impératif de s'occuper des premières très régulièrement pour en contrôler la prolifération. Les secondes sont plus problématiques parce qu'elles envahissent la maison lentement et insidieusement, si bien qu'on ne s'en rend compte qu'au moment où l'espace devient vraiment comble. Pour contrôler efficacement le désordre, suivez ces trois règles d'or : soyez sélectif avec vos objets, exposez-les ou rangez-les de manière astucieuse, et adoptez une politique anti-désordre.

ÉCLAIRCIR LE MOBILIER

Il est particulièrement difficile de se séparer de meubles, qui semblent pouvoir être toujours utiles. Pourtant, au fur et à mesure que vous allégerez vos commodes et placards des vêtements et des chaussures que vous ne portez pas, des gadgets inutiles qui prennent la poussière, ils n'auront plus de raison d'être.

LE TRI SÉLECTIF

Le secret est de contrôler votre environnement et de choisir vos objets. Ne les laissez pas vous envahir. En d'autres termes, débarrassez-vous de tout ce que vous n'avez pas porté ou utilisé au cours des douze derniers mois. Si certains articles attendent depuis quelques temps d'être nettoyés ou réparés, prenez une décision : soit vous le faites faire, soit vous recyclez les objets en question, soit vous vous en séparez.

Éliminez tous les doublons. Vous avez probablement un exemplaire préféré d'un certain objet, que ce soit un escabeau, un séchoir ou un verre de cuisine gradué, aussi jetez les doubles au lieu de les accumuler pour un éventuel usage futur. Le même procédé vaut pour les livres et les CD : triez les exemplaires en double et donnez-les à des œuvres de charité. Inutile également de conserver les vieilles photos que vous ne regardez jamais. Choisissez celles que vous souhaitez garder, et placez-les dans des albums ou des cadres. Et n'ayez aucun scrupule à jeter toutes celles qui ne vous plaisent pas vraiment. Vous pouvez toujours conserver les négatifs pour le jour où vous aurez un accès de nostalgie.

Lors du tri de vos affaires, demandez-vous si vous les désirez réellement ou si elles se sont simplement attachées à vous. N'attaquez pas sur plusieurs fronts en même temps, car le choc risque d'être brutal : vêtements une semaine, ustensiles de cuisine une autre, livres et CD la suivante, et ainsi de suite.

à gauche *Des caisses joliment colorées, alignées sur des étagères profondes sont lisiblement étiquetées avec leur contenu et constituent un système de rangement efficace pour les jeux, dossiers, vêtements, etc. Ce système de tri peut s'appliquer à toutes sortes de choses.*

Options déco

DOMPTER LE DÉSORDRE : LES RÈGLES DE BASE

- Débarrassez-vous de tout ce que vous n'avez pas utilisé au cours des douze derniers mois ou plus, ou alors recyclez.
- Séparez-vous de tous les meubles qui occupent une place volumineuse sans participer à la décoration ou la fonctionnalité de la pièce.
- Investissez dans des boîtes et des paniers pour y ranger journaux, factures, télécommandes et tout ce que vous laissez d'ordinaire traîner ici et là.
- Réhabilitez vos surfaces. Vous n'êtes pas obligé d'empiler des objets sur chaque étagère ou plateau de table – laissez-en plusieurs vides et aérés.
- Rangez les choses à leur place dès que vous en avez terminé avec elles : livres sur les étagères, outils dans leur boîte, vêtements dans l'armoire.
- Achetez des placards et des meubles de rangement avec des compartiments et des séparations pour un tri plus organisé – vous serez d'ailleurs plus susceptible de remettre les choses en place si vous savez où les retrouver.
- Privilégiez des meubles additionnés d'espaces de rangement – lits avec tiroirs, table de salle à manger avec emplacement pour les chaises, tables basses qui font aussi coffres.
- Ajoutez des portes aux niches et cagibis situés sous les escaliers : ces endroits risquent fort de devenir des dépotoirs officieux, aussi, mieux vaut les utiliser comme rangements à part entière.
- Évitez d'habiller vos placards avec des portes vitrées si vous avez du mal à être ordonné : mieux vaut dissimuler vos affaires derrière des portes pleines.

UN RANGEMENT ORGANISÉ

Les objets que vous décidez de conserver doivent être rangés avec discernement, dans un endroit où vous pourrez les retrouver. Il ne s'agit pas de jeter pêle-mêle toutes vos affaires dans un placard et de refermer la porte : dans ce cas, autant vous en débarrasser tout de suite.

Et si jamais vous n'en avez pas l'usage immédiat, créez des systèmes de rangement au moyen de boîtes, de sacs et de caisses, et étiquetez-les lisiblement pour savoir ce qu'ils renferment.

Créez des rangements organisés, en faisant appel à des systèmes d'assemblages de cubes et autres petits meubles empilables, et choisissez votre mobilier en fonction de ses capacités de rangement supplémentaire. L'idéal reste encore de construire un pan de mur d'étagères et de placards peu profonds, du sol au plafond.

LA PHILOSOPHIE DE L'ORDRE

Pour commencer du bon pied, maintenez toujours le hall d'entrée clair et net, et le reste de la maison suivra de ce pas. Rangez convenablement manteaux, clés et courrier.

Ne stockez ni vieux journaux ni magazines : débarrassez-vous d'ailleurs de vos journaux au jour le jour. Découpez les articles qui vous

DES LIVRES RANGÉS

Pour certains, les livres aident à meubler une pièce ; pour d'autres, ils créent un désordre inutile. Si vous souhaitez les montrer, faites en sorte d'avoir suffisamment d'étagères pour les exposer de manière esthétique (voir photo ci-contre). Sinon, optez pour de grands placards.

CHEMINÉES FONCTIONNELLES

Une cheminée est décorative en soi mais peut aussi asphyxier une petite pièce. Adoucissez les détails ornementaux en la peignant pour qu'elle se fonde avec les murs ou retirez son pourtour et remplacez-le par un habillement plus sobre.

à gauche *La sobriété de la cheminée participe à l'aspect moderne et dépouillé de la pièce.*

ci-contre, au-dessus *D'astucieux placards ont été aménagés astucieux dans cette colonne peinte en blanc, si bien qu'une fois fermés, ils se trouvent totalement dissimulés ; ils permettent de ranger : verrerie, vidéos, DVD, etc.*

ci-contre *Les épaisses étagères fixées à différents niveaux créent un espace de rangement très pratique pour livres et dossiers de tailles diverses. Une valise en cuir contient des vidéos, et adoucit le côté high-tech.*

intéressent, classez-les, puis jetez le reste à la poubelle ou dans le bac de recyclage. Faites le tri dans les magazines que vous souhaitez conserver. Si vous êtes abonné à une publication et désirez garder tous les numéros, dédiez-leur une étagère à part. Sinon, disposez-en quelques-uns dans les toilettes (ils y seront certainement plus utiles que dans la salle de séjour qu'ils encombreront), et débarrassez-vous des autres dès que vous les aurez lus.

Si vous savez que vous n'avez pas le temps pour tout contrôler au jour le jour, achetez des boîtes et des paniers pour y ranger journaux, factures, correspondance, et tout ce qui traîne ici et là – des livres aux télécommandes. Faites le tour de chaque pièce, et dès que les boîtes sont pleines, commencez à trier. Puis, une fois par mois, jetez tout ce dont vous n'avez pas besoin.

OBJETS DÉCORATIFS

Il n'y a qu'un pas entre exposition et envahissement. Soyez très circonspect sur le choix de vos objets. Ce n'est pas parce que vous possédez quelque chose qu'il faut le montrer à tout prix.

Le style contemporain

ci-dessous *Murs blancs, bois clairs et mobilier élégant créent un arrière-plan sobre pour un style contemporain – aéré, lumineux, très spacieux et très relaxant.*

Il s'agit du style qu'on associe immédiatement au terme « moderne » : dépouillé, sobre et neutre. Il évoque les lofts, les ateliers d'artistes, les galeries d'art minimalistes et sophistiqués. Grâce à ses lignes pures et à ses couleurs claires, il célèbre l'espace. Comme tous les résultats qui paraissent être obtenus sans le moindre effort, l'aspect simple et fluide du style contemporain requiert une discipline rigoureuse ; ce style est d'ailleurs bien plus complexe qu'il n'y paraît, et implique un savant équilibre entre contrastes et paradoxes. L'impression d'ensemble est élégante et esthétiquement attrayante, en raison de la sobriété des couleurs et de l'absence de motifs chargés. Toutefois, la pièce peut alors sembler trop froide et peu accueillante.

L'aspect de la pièce va dépendre des matériaux utilisés, des lignes du mobilier et des angles architecturaux. Pour renforcer le côté dépouillé, privilégiez le verre, le métal, et les meubles aux formes géométriques. Pour accentuer le facteur confort, recherchez des courbes fuselées, plus accueillantes, qui rétablissent l'équilibre entre surfaces lisses et réfléchissantes et matériaux absorbants et texturés. La subtilité du style contemporain réside dans sa capacité à combiner retenue et confort. Des matières sobres, dites « masculines » comme la laine, le tweed, le velours et le cuir, déclinées en coloris neutres, procurent un effet réellement très esthétique, et en même temps merveilleusement chaleureux, tactile, douillet et sensuel.

MINIMALISME INTEMPOREL

Ce style s'adapte sans mal à une exploitation diurne ou nocturne. Les couleurs claires et réfléchissantes alliées aux surfaces vernies vont inonder la pièce de lumière et créer un environnement de travail parfaitement fonctionnel durant la journée ; le soir venu, l'ensemble paraît élégant, minimaliste et très sophistiqué, surtout si on a adouci le tout par des textures supplémentaires comme du daim ou du velours. Par ces lignes dépouillées et ses coloris neutres, ce style possède également des affinités naturelles avec le minimalisme japonais. Pour souligner l'influence orientale, faites appel à des surfaces contras-

à gauche *Le cuir est une des matières qui vieillit le mieux. Chic, fonctionnel et élégant, il apporte une note intemporelle à toute décoration moderne.*

tées comme du papier texturé, des meubles en bambou et des surfaces lisses et laquées.

ENTRETIEN DU STYLE

Le résultat fini peut sembler éminemment pratique avec ses lignes dépouillées, sa décoration sobre et ses parquets en bois neutre, mais sachez que tout cela demande un travail considérable et beaucoup d'entretien.

Où utiliser ce style

Quasiment partout – il a l'avantage d'être si classique qu'il s'adapte dans n'importe quel environnement.

RÉCHAUFFER LE DÉCOR

Prenez garde à ne pas laisser l'ensemble devenir trop froid, clinique et inhospitalier, ou impersonnel – il doit paraître à la fois habité et esthétique. Pour lui donner un air moins sévère sans pour autant ruiner le concept, incorporez des tissus simples comme de la toile de jean et la toile à matelas imprimée bayadère ; tous présentent un côté naturel, qui entretient la sobriété des lignes en leur ajoutant une touche légèrement moins guindée.

Options déco

INGRÉDIENTS CLÉS

Combinez plusieurs éléments de la liste suivante et créez votre propre version du style contemporain.

Couleurs et textures

- Murs blancs ou blanc cassé
- Neutres plus intenses (gris, café, chocolat) pour les tissus, sols et tissus d'ameublement
- Parquets de bois neutres (massif ou stratifié)
- Motifs minimalistes
- Lignes dépouillées

Mobilier

- Meubles en bois clair et placards fermés
- Meubles de cuisine avec des portes en verre dépoli
- Mobilier aux lignes géométriques bien dessinées (y compris canapés d'angle)
- Appareils électroménagers chromés ou en aluminium
- Mobilier et portes en verre ou plexiglas
- Mobilier bas

Matières

- Cuir
- Daim
- Velours
- Peau de mouton
- Coton
- Tweed
- Flanelle
- Toile à matelas imprimée bayadère
- Lin
- Toile de jean
- Calicot

Le style romantique

Le style romantique est réputé pour son côté formel un peu désuet, mais les dernières influences lui donnent un aspect plus moderne, en apportant quelques éléments légèrement bohèmes, déstructurés, qui finissent par créer un style détendu et désinvolte – et sans trop de fioritures.

Malgré ses tissus voluptueux et son côté légèrement chargé, le style romantique se prête bien à la décoration des petits espaces qui, grâce aux couleurs claires et aux surfaces étincelantes et réfléchissantes, possèdent cette atmosphère agréable où il fait bon vivre.

Le romantique moderne joue sur une note délicate qui rend chaque détail particulièrement élégant. Paradoxalement, cela implique parfois l'introduction de meubles et d'accessoires d'ordinaire associés à des périodes plus anciennes car ils ont tendance à être plus petits. Le mobilier gracieux, comme les larges lits-bateaux et les jolies pièces sculptées scandinaves datant de la période gustavienne au XVIIIe siècle, sont peints en blanc ou en doux dégradés pastel pour mettre leurs lignes en valeur. Les meubles eux-mêmes sont généralement petits et fins : tables-consoles étroites qu'on accolera à un mur de l'entrée, petits écritoires à la taille parfaitement adaptée à un dessous de fenêtre, et tables d'appoint très hautes qui occupent un minimum de place près d'un lit ou d'un canapé.

Les chaises et canapés anciens, notamment ceux en bois sculpté ou à cadre doré, sont souvent plus compacts et moins solides en apparence que leurs copies modernes. Les arabesques de fer forgé présentes sur les têtes de lit, les sofas et certaines petites chaises présentent les mêmes caractéristiques. En effet, cette disposition aérée offre une sorte de motif en filigrane qui semble occuper moins d'espace que les matériaux pleins, de la même façon que la dentelle semble transparente comparée à un tissu à la trame serrée.

ci-dessus *La tête de lit très décorative en fer forgé, le lustre ornemental et les couvre-lits en satin irisé ajoutent des notes romantiques à un ensemble finalement très simple. Les volets intérieurs et les longues étagères accentuent les lignes sobres de la pièce.*

SIMPLICITÉ AVANT TOUT

Ne laissez pas la note féminine tomber dans les fioritures, la surcharge et le désuet. Misez sur un ensemble sobre avec des planchers en bois peint plutôt que des tapis, et du mobilier également peint, plutôt que ciré.

en haut *Le rose et le lilas se combinent pour créer un fond esthétique réfléchissant la lumière, qui mettra en valeur un style sobre et des peintures modernes. La délicate teinte mauve des portes pliantes évoque un peu le paravent japonais.*

ci-dessus *Les délicats et gracieux pendeloques de cristal et les fins détails en métal s'ancrent dans la pure tradition bohème qui caractérise le style romantique moderne.*

MATÉRIAUX ROMANTIQUES

Les matériaux romantiques apportent une note de délicatesse supplémentaire et ont tendance à être virtuellement transparents, ou réfléchissant la lumière, et parfois les deux – combinaison parfaite pour les petits espaces. Les longs panneaux de voile transparent ou de mousseline – offrent juste ce qu'il faut d'intimité sans obstruer la lumière. On peut en combiner plusieurs épaisseurs pour renforcer le côté romantique sans pour autant surcharger la pièce de tissus volumineux. Optez également pour des tissus chatoyants et perlés : un bel organdi fera d'élégantes housses de coussins ; satins et soies peuvent être combinés pour créer des jetés de lits ou de canapés, comble du luxe.

LA TRADITION DANS LA MODERNITÉ

Le style romantique fourmille d'éléments traditionnels mais utilisés dans une optique contemporaine. Ainsi, par exemple, un lustre en cristal qui tombe en cascade a été remplacé par un modèle plus sobre, moins formel. Ce qui permet de l'utiliser dans une cuisine et une salle de bains, aussi bien que dans la salle de séjour ou la chambre à coucher.

Un certain sens de l'insolite caractérise le style romantique : le but est de transgresser les règles et d'ajouter une touche de glamour dans des pièces régies avant tout par la fonctionnalité. Par exemple, un miroir gravé d'inspiration vénitienne est capable de transformer une salle de bains en luxueuse retraite ; poignées de portes et fleurons de tringles à rideaux en verre coloré apportent leurs notes éclatantes ; des pendeloques de cristal peuvent être cousues sur des rideaux, autour d'abat-jour.

Où utiliser ce style

Dans les salles de séjour et les chambres à coucher, les entrées et les salles de bains.

Options déco

INGRÉDIENTS CLÉS

Combinez plusieurs éléments de la liste suivante et créez votre propre version du style romantique moderne.

Couleurs et textures

- Blancs et crème
- Gris clair
- Teintes pastel (surtout les mauves et les bleus)
- Tons perlés
- Céramiques vernissées
- Cristal et verre

Mobilier

- Meubles élégants peints
- Fer forgé peint (blanc, pastel ou or)
- Petits sofas et chaises (antiquités)
- Baignoires cylindriques
- Méridiennes à la française
- Lits-bateaux

Tissus

- Satins
- Soies brodées
- Imprimés à fleurs
- Organdi
- Mousseline
- Dentelle
- Voile
- Tissus perlés

Détails décoratifs

- Luminaires et pendeloques en cristal
- Poignées de porte et fleurons de tringles à rideaux en verre
- Voilage à rideaux sobre et fluide
- Parquets peints en blanc ou en crème
- Ornements en forme de feuilles dorées ou argentées
- Miroirs gravés vénitiens

Le style industriel

L'impression prédominante liée au style industriel est son dépouillement, ce qui le rend parfait pour les petits espaces. Petits motifs et petits meubles lui confèrent un aspect maison de poupée.

L'ensemble est fonctionnel, organisé – l'économie étant l'idée maîtresse – et fait appel à un mobilier peu encombrant, aux idées de rangement astucieuses, et, quand cela est possible, au recyclage d'objets. Si la modernité de ce style contemporain vous effraie, introduisez quelques articles de seconde main, qui vont alors adoucir l'ensemble et lui conférer un charme rétro.

Le style industriel date d'une époque où tout était rationné, et pas seulement l'espace. Au Royaume-Uni, le mobilier d'après guerre, dans les années 1940 et 1950, était conçu pour que le moins de bois possible, et le minimum de temps et d'efforts soient nécessaires à sa fabrication : d'où les modèles compacts et dépouillés. Chaque chose avait une fonction, et rien n'était créé purement pour des motifs esthétiques. C'est d'ailleurs cette caractéristique qui a évité à ce style de devenir trop rustique.

à droite *Les couleurs vives et les fins motifs des années 1940 et 1950 sont faciles à adapter aux petits appartements modernes. Cet aménagement gai et fonctionnel fait la part belle aux matières plastifiées et au bois sobre et peint.*

Il a un aspect de robustesse, d'esprit citadin, qui le rend éminemment fonctionnel et parfaitement adapté à la vie moderne.

Les touches rétro ménageront votre budget, puisqu'elles ne nécessitent que d'infimes quantités de matériaux. Les sols peints sont recommandés, et se révéleront bien plus pratiques que la moquette ; de plus, ils permettent de modifier la couleur dominante du décor sans apporter de changement majeur. La sobriété de l'éclairage est un autre élément essentiel – choisissez des abat-jour en aluminium, sans fioritures, dont le rôle sera de vous protéger de la lumière plutôt que de la disperser.

DÉTAILS SUPPLÉMENTAIRES

Le côté pratique et banal de ce style inspire une multitude d'idées pour le linge de cuisine, aussi esthétique que fonctionnel. Là où le style contemporain préconise la retenue et l'utilisation de quelques articles neutres et minutieusement choisis, le style industriel laisse libre cours aux motifs discrets et aux couleurs joyeuses, chargés de compenser la nature minimale et fonctionnelle de l'aménagement.

On peut également choisir un papier peint à motif discret pour tapisser une alcôve ou le fond d'une bibliothèque. Cette stratégie serait à éviter s'il s'agissait de recouvrir toute une pièce, mais dans des recoins effacés, elle ajoute une note personnelle.

Dans une petite cuisine, on peut remplacer les portes des placards – dont l'ouverture peut poser problème – par de simples rideaux. Là encore, utilisés dans une pièce plus spacieuse, ce serait des fioritures inutiles, mais dans une petite pièce, il ne s'agit que d'une solution au manque d'espace.

RÉUSSIR SON DÉCOR

N'utilisez les motifs floraux que pour contrebalancer l'omniprésence de surfaces dures et d'éléments fonctionnels. Économisez l'espace à des fins vraiment utiles – pour installer dans votre petite cuisine un bel évier façon timbre d'office, qui s'accordera parfaitement avec le style industriel et fonctionnel de l'ensemble, par exemple.

LE STYLE AVANT TOUT

Le style industriel préconise un mode de vie organisé. Une pile de linge parfaitement plié dans un placard ou sur des étagères ouvertes, une rampe de crochets de cuisine où pendent quelques ustensiles créeront instantanément cet effet. On recherche en quelque sorte la simplicité des écoles primaires : bancs de bois pour asseoir le maximum de convives autour d'une table et vieilles chaises de classe (faciles à raviver par une couche de peinture « coquille d'œuf ») alignées contre un mur pour souligner le côté fonctionnel dépourvu de fioritures.

En fait, on peut même y déceler une influence puritaine : il s'agit bien là du triomphe du fonctionnel sur l'esthétisme. Rappelez-vous que les motifs les plus simples peuvent également permettre de gagner de la place : un papier peint bayadère donnera de la hauteur à un plafond bas. Un panneau lambrissé est idéal pour mettre en valeur de vieilles chaises repeintes de couleurs vives.

Où utiliser ce style

Dans des cuisines, salles de bains, salles de séjour, entrées, et sur des paliers.

Options déco

INGRÉDIENTS CLÉS

Combinez plusieurs éléments de la liste suivante et créez votre propre version du style industriel.

Couleurs et textures

- Bois peint (y compris planchers et plinthes)
- Couleurs pastel des années 1950 (pensez aux drugstores américains)
- Chrome et émail colorés

Mobilier

- Meubles industriels
- Chaises d'occasion (surtout provenant d'écoles et d'églises)
- Portants à vêtements et placards muraux
- Façades de placards grillagées
- Baignoires cylindriques

Matériaux

- Motifs discrets
- Tissus printaniers
- Plastique et acrylique
- Cotons frais
- Bayadère et vichy

Détails décoratifs

- Supports métalliques
- Panières à linge sale comme coffre de rangement
- Rampes de crochets et patères à chapeaux
- Éléments en fer blanc
- Supports à assiettes muraux
- Électroménager coloré
- Miroirs d'occasion, un peu ternis

Le style baroque

ci-dessous *Les couleurs intenses insufflent de la vie à tout espace et accentuent certains points particuliers du décor. Masses de couleurs denses, contrastes audacieux et formes surprenantes se combinent harmonieusement.*

Flamboyant, coloré et démesuré, voici le style idéal pour créer un impact visuel immédiat. Dénué de la moindre once de discrétion et de retenue chères aux trois styles précédents, le baroque fait son entrée en fanfare et ne souffre pas d'être ignoré.

Attention, ce style n'est pas pour les timorés. Pourtant, si vous en avez le courage, il vous récompensera au centième en donnant un sentiment d'audace et d'assurance. C'est un remarquable moyen d'établir une note d'individualité, notamment parce qu'il bouleverse les conventions chromatiques habituelles qui déconseillent l'usage de couleurs sombres dans des petits espaces. Dans une entrée, par exemple, cette décoration intriguera immédiatement les visiteurs et les incitera à découvrir les pièces adjacentes.

Si vous ne vous sentez pas entièrement à l'aise sur l'emploi de couleurs fortes dans des zones très passantes comme les entrées et les salles de séjour, réservez vos idées les plus audacieuses aux chambres à coucher et à la salle de bains – lieux qui ne sont pas constamment exposés au regard des visiteurs, et où vous pouvez donc vous permettre une décoration plus osée.

En décorant un petit espace dans un style baroque, vous refusez de vous soumettre aux impératifs d'un espace limité. Au lieu d'essayer de tricher avec les dimensions en les agrandissant par des couleurs claires, unies et des petits motifs, cette technique décide de positiver l'espace disponible, aussi petit soit-il. Elle fait appel à des couleurs « avançantes » qui attirent l'attention sur les murs et les rapprochent, et superpose des couleurs contrastées pour souligner les différentes surfaces et casser l'espace. Elle tente de repousser les limites des techniques de décoration en utilisant des formes plus volumineuses et du mobilier plus original.

LE BON GOÛT AVANT TOUT

Évitez un déferlement excessif de motifs et de couleurs. Pensez démesure, certes, mais aussi esthétisme. Si nécessaire, inspirez-vous du style contemporain (p. 40) pour calmer un peu le jeu.

à gauche *L'association flamboyante de rouges et d'ors apporte une étonnante touche baroque et guide le regard vers la pièce du fond focal. Bien que le palier du premier plan soit étroit, on a le sentiment qu'il y a davantage à découvrir plus loin, ce qui accentue la perspective, un peu à la manière d'un décor de théâtre.*

COMME UNE PIÈCE DE THÉÂTRE

Pensez ce style comme un décor de théâtre, où l'objectif est d'attirer l'attention du public et de créer une illusion.

Si vous décorez votre espace comme s'il était en fait plus vaste, il y a de fortes chances pour qu'il soit perçu comme tel. Dans votre salle de bains, par exemple, installez une luxueuse baignoire cylindrique, ou créez une estrade tout autour, qui vous permettra d'y descendre. L'opulence du décor donnera l'impression que la pièce est plus grande. Dans le même registre, accrochez un immense miroir baroque aux bordures dorées qui doublera la taille de la pièce en renforçant la luminosité et en réfléchissant le mur opposé. Vous instaurerez alors un décor extravagant qui laissera immédiatement supposer que vous disposez d'un espace plus grand qu'il ne l'est en réalité.

L'éclairage peut jouer un rôle tout aussi important que les miroirs. Là encore, pensez à un décor de théâtre, et rappelez-vous comment l'éclairage est utilisé pour transformer habilement l'espace et créer une atmosphère sur scène. Les murs vifs n'en seront que plus marquants si la lumière les éclaire, et crée des zones de couleurs rougeoyantes et de tonalités plus sombres.

COULEUR ET TEXTURE

Concentrez-vous sur l'aspect chromatique en vous servant des murs pour y exposer des photographies et des peintures modernes. Privilégiez des formes audacieuses et des couleurs fortes – pensez à Mark Rothko et Howard Hodgkin. Toutefois, pour un effet des plus simples mais des plus efficaces, quelques panneaux colorés suffisent. Et n'oubliez pas l'importance de la texture. Le style baroque est très sensuel, aussi choisissez des matières aux multiples textures contrastées : velours côtelé, daim et suédine, mais aussi cuir ciré, métal et verre.

Options déco

INGRÉDIENTS CLÉS

Combinez plusieurs éléments de la liste suivante et créez votre propre version du style baroque.

Couleurs et textures

- Murs peints de couleurs vives
- Coloris détonants pour un mur unique, des alcôves ou des niches
- Couleurs contrastées (essayez du bleu et de l'orange, du jaune et du mauve)
- Motifs rétro psychédéliques
- Décorations en forme de feuilles dorées et argentées

Matériaux

- Satins et soies brillants
- Tissus sensuels et luxueux
- Velours uni et velours côtelé
- Fausse fourrure et motifs animaliers

Détails décoratifs

- Carreaux colorés
- Éclairage coloré
- Immenses tableaux et posters modernes
- Murs et placards habillés de miroirs
- Mobilier et cadres dorés
- Miroirs baroques décorés

Où utiliser ce style

Dans les chambres à coucher, les entrées, et toutes les pièces réservées à un usage nocturne ; et partout où l'on souhaite créer un impact visuel immédiat et détonnant.

Illusions d'optique

Il existe une multitude d'astuces visuelles très simples qui permettent de changer la perception de l'espace. Essayez quelques-uns des tours suivants pour altérer les contours de vos pièces et agrandir leur taille apparente.

UTILISATION DE LA COULEUR

Certaines modifications visuelles ne nécessitent pas de travail structural majeur. En combinant des couleurs claires (qui ouvrent l'espace) avec d'autres principes de décoration rudimentaires, les espaces réduits peuvent paraître plus vastes et les pièces dotées d'un plafond bas, moins oppressantes.

Par exemple, si l'on applique la couleur du plafond à la partie supérieure des murs – disons à hauteur de vos cadres ou tableaux –, le plafond semblera plus vaste, ce qui « repoussera » les murs, si bien que toute la pièce paraîtra plus spacieuse. De même, escaliers, corridors et pièces étroites paraîtront bien plus larges si l'on peint les murs latéraux, le sol et le plafond d'une couleur claire.

UTILISATION DES LIGNES

Utiliser des rayures horizontales aura également pour effet de repousser les murs. Vous pourrez aussi obtenir le même effet volumisateur par l'utilisation judicieuse de meubles et d'objets apportant leurs propres lignes géométriques.

Par exemple, on peut élargir une entrée en disposant les lattes de parquet dans le sens de la largeur plutôt que dans le sens de la longueur. Dans une pièce étroite, peignez de fines rayures le long des plus petits murs pour les agrandir. De même, de longues étagères montées le long d'un des murs aideront également à les repousser visuellement. Les bandes verticales peuvent avoir un effet similaire sur la hauteur d'une pièce, en l'élevant et « soulevant » un plafond bas.

UTILISATION DE LA PERSPECTIVE

N'hésitez pas à jouer avec la perspective, c'est l'un des moyens les plus efficaces pour créer davantage d'espace visuel. Quand on regarde une pièce de loin, les murs latéraux semblent peu à peu se rapprocher l'un de l'autre. Donc, si l'on « fuselle » délibérément la pièce, on va renforcer cet effet, et elle paraîtra alors plus longue qu'elle ne l'est en réalité. Il suffit d'installer des éléments de rangement sur toute la hauteur des murs, sur les pans les plus longs. Placez les placards les moins profonds à l'entrée de la pièce et les plus profonds à l'extrémité opposée.

CRÉER DES DIVISIONS

On peut encore utiliser d'autres changements non structuraux pour redistribuer l'espace et créer différentes pièces ou sections éphémères. Pour cela, faites appel à des paravents pliants qui vont transformer une extrémité de pièce en coin bureau, ou érigez votre « mur » en superposant plusieurs caissons de rangement de manière à fractionner votre territoire. Des bibliothèques ajourées peuvent créer une séparation visuelle qui laisse circuler la lumière. La décoration peut également servir à partager l'espace : un changement de couleur murale ou de revêtement de sol va clairement indiquer que la zone concernée a été conçue pour une activité différente.

Options déco

PRINCIPES POUR GAGNER DE LA PLACE

- Les couleurs claires agrandissent les pièces
- Les surfaces réfléchissantes augmentent l'impression d'espace
- Les murs et décorations sobres et unis paraissent plus discrets
- Les lignes horizontales élargissent l'espace
- Les rayures verticales élèvent les plafonds
- Le mobilier de petite taille fait paraître l'espace plus vaste
- Les voilages sobres et simples occupent peu de place
- Un éclairage judicieusement installé attire l'attention sur l'espace plutôt que sur ses limites

ci-contre *Cette étroite cuisine a été créée à partir d'un corridor ; elle relie la salle de séjour aux chambres à coucher. L'utilisation judicieuse de miroirs et de surfaces réfléchissantes élargit et agrandit tout l'espace.*

à droite *Les murs unis blancs combinés à la fenêtre bien dégagée rendent cette minuscule chambre légère et aérée.*

à l'extrême droite *Grâce aux grandes fenêtres et aux portes vitrées intérieures, cette maison est inondée de lumière. Les stores offrent à la fois ombre et intimité.*

Modifications pratiques

Il arrive parfois que le seul moyen d'optimiser votre espace soit d'envisager certains changements structuraux ; toutefois, les chantiers n'entraînent pas nécessairement de grosses perturbations et peuvent ne pas s'avérer onéreux. Le simple fait de charger les portes ou d'ajouter une cloison peut déjà apporter une grande différence.

Ainsi, vitrer des portes pleines – ou les retirer – va accroître le volume de lumière et permettre sa meilleure circulation entre les pièces (voir page 58 pour plus de détails). Pourquoi ne pas changer vos portes par des panneaux coulissants qui prennent moins de place et ajoutent une note lisse et brillante. Aujourd'hui très fluides et souvent aussi élevés que le plafond, ces panneaux, en verre ou en bois, constituent davantage une extension du mur lui-même qu'une simple ouverture.

TRAVAILLER LES MURS

Si vous êtes prêt à accepter des travaux un peu plus importants, vous pouvez envisager d'abattre les murs et de créer une disposition décloisonnée. Mais attention, cet aménagement requiert beaucoup de discipline pour gérer le rangement, aussi, est-il déconseillé aux personnes peu ordonnées. Néanmoins, une porte d'entrée qui mène directement à la salle de séjour, ou les cloisons ouvertes d'une cuisine, qui vous permettent de discuter avec vos convives tout en préparant le repas, vont modifier votre façon de vivre autant que l'architecture de votre intérieur.

ci-dessus *Le remplacement de portes pleines par des panneaux en verre trempé modernisera un intérieur et favorisera la circulation de la lumière dans toute la maison. Avec leur aspect chic industriel, elles s'accordent bien aux couleurs froides et aux détails minimalistes.*

ci-contre *Ces portes coulissantes ressemblent à des murs mobiles et créent davantage d'espace en reliant les pièces adjacentes.*

Options déco

CONSIDÉRATIONS STRUCTURALES

- Tout changement structural doit se conformer au code de la construction. Apportez un croquis de votre plan ou les dessins d'un architecte à l'inspecteur de l'urbanisme de votre municipalité pour demander conseil. Si d'autres maisons identiques à la vôtre ont déjà été remodelées ou ont subi des travaux, ces chargés d'urbanisme doivent certainement déjà posséder des copies des plans correspondants et savoir comment elles sont bâties.
- Votre souci premier doit être de ne pas abattre de murs porteurs. On peut généralement les identifier en vérifiant l'orientation des lattes du plancher de l'étage supérieur. Les solives formeront un angle droit avec celles-ci, et les murs porteurs se trouveront à chaque extrémité de ces solives (excepté autour des escaliers où les lattes ont pu être coupées et posées séparément). En cas de doute, faites appel à un spécialiste.
- Attention aussi à ne pas dévaloriser votre maison en détruisant son éventuel intérêt historique ; de plus, sachez que vous risquez d'avoir des difficultés à la revendre si vous y effectuez des modifications trop radicales.
- Certains travaux sont suffisamment simples pour que vous ou un entrepreneur puissiez les mener à bien, mais pour des solutions plus novatrices ou originales, mieux vaut consulter un architecte. Le coût du projet s'en trouvera peut-être considérablement augmenté, mais cela reste encore le meilleur moyen d'optimiser intelligemment votre espace.

Si l'abattement de murs entiers vous semble trop ambitieux, ou ne peut se faire en raison de considérations structurelles, envisagez des ouvertures partielles. Laissez, par exemple, intacte la partie inférieure d'un mur jusqu'à hauteur de la taille de manière à maintenir l'impression de démarcation entre les pièces, mais d'agrandir la perspective dans la partie supérieure.

De même, si vous disposez d'une hauteur de plafond suffisante, des murs légèrement au-dessus de la taille d'un adulte garderont leur rôle de cloisons, et préserveront votre intimité tout en laissant circuler bien plus de lumière, puisque la partie supérieure sera totalement ouverte.

DIVISIONS DYNAMIQUES

Ce concept de « partition » s'avère bien entendu tout aussi pratique lorsqu'on dispose d'un grand espace décloisonné que l'on souhaite fractionner. La modification de l'aménagement de votre espace peut comprendre l'ajout ou la suppression de murs ; du reste, il est particulièrement judicieux de monter un demi-mur dans une chambre à coucher spacieuse pour isoler un coin salle de bains, ou dans une salle de séjour pour séparer un coin bureau.

Ajouter des éléments structuraux, plutôt que de les éliminer, aide à délimiter un espace existant. Ils n'ont cependant pas besoin d'être intrusifs : l'astuce est de monter des murs « flottants » qui effleurent les contours de la pièce mais s'arrêtent légèrement avant la structure basique des côtés et du plafond. Il en résulte tout un plan coloré à part, avec des limites clairement définies qui créent des jeux d'ombres et de contrastes ; le mur devient alors partie intégrante de la pièce, et non plus un simple élément d'arrière plan. Enfin, cet aménagement peut également fournir des recoins bien pratiques, où l'on pourra dissimuler un éclairage ambiant.

OPÉRATION PORTES OUVERTES

Tâchez d'inclure autant de portes que possible. Elles ouvrent des perspectives et confèrent à l'espace une impression de mouvement. Ne vous sentez pas limité à une unique taille standard : dans une entrée, les portes peuvent être petites et étroites, comme par exemple celles d'un cagibi situé sous un escalier (inspirez-vous des portes des toilettes d'un avion), ou bien au contraire, immenses, comme si le mur entier bougeait quand vous les ouvrez.

ci-contre *La création de liens entre les pièces aide à mieux fragmenter l'espace et permet une circulation de la lumière plus efficace. S'il n'est pas possible d'ajouter une vraie porte, optez pour des fenêtres intérieures. Ici, on a installé une fenêtre entre la cuisine-salle à manger et la salle de séjour adjacente, ce qui permet de décloisonner partiellement l'espace.*

à droite *Piliers et colonnes ajoutent des lignes structurales à un espace et aident à délimiter les différents secteurs d'activités sans les enclore dans des pièces individuelles. Très souvent, pour indiquer le début d'une nouvelle zone, une « borne visuelle » de séparation suffit.*

Paradoxalement, l'espace qui fournit la première indication sur notre style de vie manque très souvent de style et de personnalité. Ainsi, au lieu d'aménager un hall de façon emblématique, nous préférons présenter une toile neutre qui ne révèle pas grand-chose.

Créer une entrée d'une élégance discrète est une chose, mais la transformer en un espace fade et impersonnel n'est guère heureux. Bien entendu, le hall doit être en harmonie avec les autres pièces attenantes, mais il doit cependant refléter votre empreinte et inciter le visiteur à découvrir ce qui se cache au-delà. Son rôle est donc de faire le lien en douceur et avec goût, avec le reste de l'habitation, son mobilier, sa décoration. Par conséquent, la décoration d'une entrée peut être originale et audacieuse, ou encore sobre et dépouillée, mais elle ne souffre aucune demi-mesure.

Faut-il intégrer la décoration des halls et des corridors à celle des pièces voisines, ou à la traiter séparément ? Les deux options sont valables, à condition de se montrer constant, une fois la décision arrêtée. En fait, ces espaces deviennent problématiques seulement lorsqu'ils sont considérés comme « zones mortes » et qu'on ne prend pas la peine de les aménager avec le même soin que les autres pièces de la maison. Pourtant, ces espaces devraient être décorés et conçus avec encore plus d'attention, d'autant qu'ils sont généralement sombres, étroits, de dimensions peu pratiques, et la place y est particulièrement comptée. L'important est ici de donner vie et caractère à cet espace à part entière, en le meublant et en le décorant, même de façon symbolique.

3 Espaces communicants

Définir son style

Pour éclairer des entrées et des corridors sombres et les agrandir, le moyen le plus rapide est de les peindre en blanc. Évidemment, on peut trouver l'effet esthétique un peu froid et rébarbatif, surtout quand l'idée de départ est de lui conférer chaleur et personnalité. Il existe plusieurs moyens de contourner ce problème. Le plus simple est d'utiliser des couleurs pâles, à la tonalité un peu plus prononcée. Par exemple, un blanc cassé, un crème, un beige ou un gris seront parfaits si l'on veut rester dans la neutralité, mais des dégradés de jaunes et autres couleurs pastel offrent également une bonne alternative.

Pour un ensemble plus soutenu, ayez recours à des teintes plus chaudes et plus originales – pas trop sombres pour éviter que les murs ne prennent une allure menaçante, mais suffisamment tenaces pour donner à la pièce du caractère. Les rouges, les ors et autres coloris flamboyants sont particulièrement bien adaptés, à condition de pouvoir les supporter. Mais d'une façon générale, que vous optiez pour des teintes pâles ou plus vives, contentez-vous d'une seule couleur et de murs unis – les imprimés étant bien trop envahissants et fatigants pour l'œil, surtout pour une première impression.

COULEURS COMMUNICANTES

L'ennui avec les couleurs plus personnelles est qu'elles confèrent au hall une identité trop marquée, décourageant alors une transition naturelle vers d'autres pièces. Par convention, une entrée est supposée rester un territoire neutre, chargé d'unifier différents coloris. On n'utilisera volontiers un seul thème dans les corridors et les escaliers, pour permettre à l'œil de naviguer facilement d'un endroit à un autre.

Toutefois, certains contrastes habiles peuvent entretenir un effet harmonieux tout en introduisant de nouveaux schémas chromatiques et en offrant à l'espace une vitalité nouvelle. Il convient cependant d'adopter une unité de couleurs, par exemple les tons pastel, afin que les différentes teintes s'harmonisent les unes avec les autres sans jurer ;

UN PEU DE LUMIÈRE EN PLUS

L'installation de nouvelles fenêtres peut causer des problèmes structuraux et requérir un permis de construire, les tabatières (fenêtres de toit), elles, n'affectant pas la structure porteuse de l'édifice, et n'augmentant pas la hauteur de la maison, ne demandent aucune étude architecturale. C'est là un moyen relativement aisé d'augmenter la quantité de lumière.

ci-dessus *Un mur de cet étroit corridor a été aménagé en placards permettant de dissimuler le désordre quotidien. Son revêtement, lisse et blanc, réfléchit autant de lumière que possible dans cet espace étroit et sombre.*

ci-contre *Adopter pour chaque mur de votre entrée une couleur différente, comme cette jolie association de lilas et de citron, crée un impact visuel harmonieux et original qui donne vie à l'espace.*

or cela n'est possible que si les nuances sont de même intensité.

Pensez au hall et à ses pièces adjacentes comme à autant de couleurs sur une palette qu'il faudra harmoniser, en vous souvenant également que lorsque les portes seront ouvertes, toutes les pièces seront visibles simultanément.

DES SOLS À TOUTE ÉPREUVE

Dans ce lieu très passant, le revêtement de sol doit être résistant et facile à entretenir. Le bois – en lattes cirées, parquet flottant ou vitrifié – reste une des options les plus pratiques, et peut être également utilisé pour les escaliers, dans un souci d'unité de style. Pour des espaces réduits, posez les lattes de parquet dans le sens de la largeur plutôt que la longueur, de manière à les agrandir.

Le carrelage, le linoléum et d'autres revêtements industriels à base de plastique sont très pratiques dans un hall, mais ne peuvent pas être utilisés pour recouvrir des escaliers. En revanche, une moquette résistante, aux tons neutres, fonctionnera parfaitement partout ; les revêtements naturels en sisal et fibres de coco font des merveilles (attention au jonc de mer, dont la surface, légèrement glissante, est déconseillé pour les escaliers).

ILLUMINATION INSOLITE

Préférez un éclairage doux, de manière à gommer les limites, et à « repousser » les murs. Utilisez des lampes latérales ou des appliques murales qui sublimeront les couleurs et créeront d'intéressants jeux d'ombre et de lumière. Si le plafond est haut, ajoutez un magnifique lustre au bout d'un long filin, pour que le plafond paraisse plus bas.

Ouvrez les portes qui mènent aux autres pièces, afin que leur lumière atteigne le hall et l'escalier tout au long de la journée. Adoptez le même procédé la nuit, quand les pièces, illuminées, sont visibles de loin, leurs lumières et leurs couleurs ajoutant une impression d'espace et de mouvement, et permettant à l'œil de s'aventurer. Enfin, quelles que soient les couleurs choisies, l'ajout d'un grand miroir rendra le hall à la fois plus lumineux et plus spacieux.

Dégager la vue

Couleurs et lumières peuvent faire des miracles pour éclairer un dédale d'espaces sombres, peu attrayants et réduits. Cependant, sur le long terme, il est parfois préférable d'envisager des modifications radicales et de s'attaquer au problème de manière structurelle.

L'une des choses les plus faciles à faire pour augmenter l'espace est de retirer les portes. Si, d'ores et déjà, vous laissez vos portes ouvertes en permanence parce que vous aimez les perspectives lumineuses qu'elles dégagent, leur éviction ne devrait pas vous poser de gros problèmes de conscience.

Une autre solution consiste à remplacer les portes pleines par des portes en verre, de manière à laisser circuler la lumière. Il n'est pas question pour autant de renoncer à votre intimité : des plaques de verre opaque formeront des écrans très efficaces pour une salle de bains ou un bureau, tout en laissant entrer un flux lumineux.

SÉPARATIONS OPAQUES

Sur le même principe que les portes vitrées, pourquoi ne pas remplacer quelques pans de murs par des briques en verre ? Ces briques s'utilisent aussi bien sur des murs extérieurs,

à gauche *Un espace ouvert et aéré met en valeur les différents angles et utilise l'architecture de l'édifice pour créer un style bien personnel.*

ci-contre *Grâce à sa rambarde d'acier incurvée, cet escalier ajouré relie très gracieusement les différents niveaux tout en donnant au hall une allure contemporaine et industrielle.*

pour laisser passer davantage de lumière dans la maison, qu'à l'intérieur pour éclairer chaque pièce en éliminant les obstacles solides qui les séparent.

Il n'est pas nécessaire de remplacer le mur entier : une section verticale de deux ou trois briques de large aura un effet instantané sur le flux de lumière, tout comme une simple bande horizontale large de quelques briques placée au sommet. À l'instar des portes de verre opaque, ces grosses briques favorisent luminosité et intimité, et sont donc parfaites pour protéger certaines parties de la maison sans pour autant bloquer la lumière ; l'ensemble paraîtra alors bien plus spacieux.

CHOIX DES BRIQUES DE VERRE

Disponibles dans une multitude de couleurs et de finis, certaines sont coulées dans du mortier, d'autres simplement glissées dans des cales d'espacement ou livrées prêtes à poser avec un cadre intégré. Certaines briques ne conviennent qu'à un usage extérieur, et d'autres sont réservées exclusivement à l'intérieur ; attention, ces dernières peuvent ne pas supporter de charges lourdes, prenez conseil auprès de spécialistes.

DÉCLOISONNEMENT

Pour des espaces entièrement communicants, la solution la plus radicale reste encore d'abattre tous les murs ; on obtiendra alors un espace totalement ouvert, où l'on n'aura plus à se préoccuper ni des entrées, paliers, corridors, ni de la perte de place engendrée par les zones « communicantes ».Un petit appartement peut facilement perdre jusqu'à un tiers de sa surface à cause d'un couloir, alors qu'il serait plus judicieux d'incorporer celui-ci aux autres pièces. Pour un résultat optimal, il est recommandé d'ajouter cet espace dans une configuration où il profite à plus d'une pièce à la fois ; ainsi, une enfilade de plans de travail peut être utilisée simultanément comme une extension de la cuisine d'un côté, et comme coin bureau dans l'autre.

Options déco

RENDRE LE HALL PLUS SPACIEUX

- Adoptez pour le mobilier, les plinthes et les encadrements du hall une couleur aussi proche que possible de celle des murs, et évitez les contrastes trop marqués ; ainsi, l'effet d'ensemble sera plus uniforme, plus continu et l'espace paraîtra plus vaste que s'il est fractionné en plusieurs sections.
- Si le plafond est trop haut pour ce petit espace, rééquilibrez les proportions en ajoutant une cimaise, puis en peignant le pan de mur au-dessus – et les corniches – dans une teinte unie, plus claire ; l'ensemble paraîtra plus spacieux et le corridor plus vaste.
- Au lieu d'utiliser différentes couleurs de même tonalité, essayez de peindre chaque mur de dégradés d'une même couleur, comme par exemple, taupe et chocolat, ou bleu clair et bleu légèrement plus foncé. Ce procédé joue avec la perspective relative des surfaces, en en soulignant certaines et en en effaçant d'autres, si bien qu'on arrive à accentuer la forme des espaces attenants au hall.

à gauche *Des briques de verre associées aux rambardes d'acier donnent à cet escalier une allure moderne et épurée, tout en favorisant la circulation de la lumière. Le vert de la peinture ajoute une jolie note colorée.*

Exploiter l'espace

Étant donnés les efforts réalisés pour utiliser chaque centimètre carré des autres pièces, il serait dommage d'en gaspiller dans les entrées, les paliers et les corridors.

Les halls et les couloirs ayant souvent tendance à être étroits, on évite de les encombrer pour ne pas obstruer l'accès aux pièces attenantes. Mais on peut les rendre fonctionnels, ce qui aide à insuffler de la vie à ces zones « mortes » et à les intégrer dans la totalité de l'espace.

EXTENSIONS PRATIQUES

Une solution pour exploiter votre hall est de transformer l'espace situé sous l'escalier en un vestiaire. Ou, si vous êtes prêt à installer la plomberie nécessaire, vous pouvez également y concevoir un petit cabinet de douche ou une mini-buanderie pour une machine à laver et un sèche-linge. Souvenez-vous qu'au point le plus élevé de l'escalier, vous pouvez avoir suffisamment de place pour entreposer vos appareils électroménagers l'un au-dessus de l'autre.

Si vous hésitez sur l'utilisation de cet espace, pourquoi ne pas y installer une cuisine ? Dans une architecture décloisonnée, l'espace sous les escaliers peut abriter mobilier et appareils électroménagers, et fournir de hauts pans de murs sur lesquels on fixera des placards ou des étagères, le tout étant accessible depuis la pièce principale sans pour autant empiéter sur la surface au sol. Et si vous bénéficiez d'un étage, vous pouvez même y installer une petite cuisine-galerie contre le palier, avec des placards modelant une forme en L entre le mur principal et la rambarde de l'escalier.

LE COIN SIÈGE

Autre possibilité, la plupart de ces espaces peuvent être agrémentés d'un petit canapé ou d'un fauteuil, qui invite à la relaxation. S'il

ci-contre *Appareils électroménagers, placards et étagères occupent le renfoncement sous l'escalier, et utilisent l'espace « perdu » en éloignant l'aire de cuisine de la pièce principale.*

ci-dessous *Une coiffeuse permet une excellente utilisation du palier, allouant alors plus d'espace à la chambre, et exploitant la lumière naturelle.*

dispose d'une fenêtre, vous pouvez peut-être construire un siège – il suffit de coller un petit banc de bois neutre contre le mur, juste en dessous, et de le recouvrir d'un coussin plat. Notez que ce banc peut également devenir un coffre de rangement très pratique. En plus de fournir un siège bien utile, ce banc est tout à fait justifié dans cet environnement et crée un point d'intérêt entre des pièces spécifiques.

COIN BUREAU

L'essentiel est de tirer le meilleur profit de l'espace situé sous les escaliers. À moins de l'avoir déjà transformé en aire de rangement, c'est l'endroit idéal pour y créer une pièce supplémentaire et dégager ainsi de l'espace dans d'autres parties de la maison, plus encombrées. Par exemple, s'il est impossible d'aménager un bureau dans votre demeure, pourquoi ne pas en installer un dans ce coin ? Il suffira alors de placer un bureau ou une petite table, et de construire des étagères murales tout autour pour rendre l'espace plus permanent et moins improvisé.

Des rangées de livres de plus en plus hautes à mesure que les marches augmentent créeront un effet « meublé » et compléteront les autres bibliothèques de la maison. Ajoutez une bonne lampe de table ou une applique, et votre espace prendra la forme d'un petit bureau complet.

Vous pouvez également recréer le même effet sur un palier. S'il n'y a pas suffisamment d'espace pour un bureau, une petite table fera l'affaire. Même si l'escalier est étroit, on peut parfois trouver un coin plus large, par exemple juste devant l'entrée d'une pièce ou au point de rencontre entre la rambarde et le mur de la cage d'escalier ; cet espace, à priori perdu, peut être utilisé.

UNE BIBLIOTHÈQUE SUPPLÉMENTAIRE

Un bureau n'est pas forcément indispensable pour installer une bibliothèque. Et à moins d'avoir un escalier vraiment très étroit, c'est là l'endroit parfait pour y placer quelques étagères peu profondes. Si vous craignez de submerger l'escalier, vous pouvez les limiter aux paliers, peut-être même en créant un espace de lecture.

Créer une galerie d'art

Pour personnaliser rapidement votre hall et le rendre vivant, utilisez-le comme lieu d'exposition de tableaux et de photographies. Cette installation permet d'établir instantanément une atmosphère très intime, qui va inciter le visiteur à découvrir le reste de votre logement.

Par ailleurs, il serait dommage de ne pas utiliser les murs situés le long des corridors et des escaliers et de ne pas les habiller d'une galerie personnelle de vos peintures, posters et photographies de famille favoris. Mieux vaut alors garder un fond peint d'une couleur unie : le blanc est la couleur par excellence mais il est possible de le remplacer par des teintes plus soutenues qui renforceront le contraste avec les photographies en noir et blanc, ou encore des camaïeux de gris qui sublimeront les tableaux d'art moderne.

à droite *L'aménagement de cet escalier en galerie d'art ravive l'espace, ajoutant une pluie de couleurs et de formes, sublimées grâce à la blancheur étincelante des murs ; il crée également un parcours très intéressant. L'association de cadres de formes et de tailles différentes rend l'ensemble avenant, informel et chaleureux.*

CADRES REGROUPÉS
L'objectif n'est pas de créer une exposition intimidante et guindée, les combinaisons de couleurs et l'emplacement des cadres comptant davantage que ce qu'ils représentent.

UNE DÉCORATION ORGANISÉE
La disposition des cadres en rangées ou en colonnes permet d'aider à équilibrer ou d'ajuster les proportions de l'espace. Ainsi, des cadres accrochés en colonnes verticales, feront paraître le plafond plus haut, et une image dominante positionnée sur un mur éloigné va paraître plus proche. Il est également possible d'accentuer la longueur du passage, renforçant l'aspect galerie d'art, en l'ornant d'une rangée de cadres tout du long. Il conviendra de les positionner à hauteur du regard et de les aligner soit par le haut, soit par le bas, de façon à ce qu'ils aient l'air d'être posés sur une seule ligne.

Il n'est pas recommandé d'accrocher des cadres de chaque côté d'un corridor, car celui-ci paraîtra alors d'autant plus étroit et oppressant. Mieux vaut générer ainsi une attraction sur le passage, et laisser s'effacer l'autre mur.

CRÉER SES PROPRES ŒUVRES D'ART
Si vous ne possédez pas déjà une jolie collection de photographies ou de peintures, pourquoi ne pas créer la vôtre ? En fait, certains articles n'ont même pas besoin d'encadrement. Par exemple, on peut très bien accrocher individuellement ou en groupes de quatre teintes contrastées des petits panneaux de bois ou de carton dur peints de couleurs vives. Vous pouvez appliquer de la peinture à l'eau ou de la gouache sur le côté texturé du carton pour lui conférer une allure de « toile d'artiste ». Une autre possibilité consiste à recouvrir le carton d'un morceau de tissu chatoyant.

EXPOSER DES TRÉSORS
Vous pouvez également exposer des trésors rapportés de vacances (tels les gravures, les coquillages ou la verrerie colorée que vous disposerez sur une petite étagère montée contre un mur blanc) ou encore des chapeaux suspendus à des patères (combinant ainsi aspect pratique du rangement et innovation artistique), et inclure des miroirs qui vont optimiser l'impression de lumière et d'espace. Si vous ne disposez pas d'un seul grand miroir, groupez-en plusieurs petits, qui seront d'un bel effet.

ci-dessus *La série de cadres suit la montée de l'escalier et s'harmonise parfaitement avec sa fine rambarde en acier. On en retiendra l'effet très sobre, fruit du soin particulier apporté au choix des tableaux et à leur positionnement, qui évite tout groupement hasardeux et maladroit.*

Les rangements

Pour éviter le désordre dans une entrée, des aires de rangement extensives sont indispensables. Il faut d'abord convenir d'un endroit pour accrocher manteaux et vêtements d'extérieur, mais aussi prévoir un espace pour clés, parapluies, téléphone et calepins, ce qui permet de prévenir l'accumulation quotidienne d'objets hétéroclites.

UN VESTIAIRE

Pour accrocher des manteaux, le plus simple est de fixer des patères, mais dans un hall étroit, elles risquent d'obstruer le passage, surtout une fois chargées. Si la place le permet, l'espace situé sous les escaliers est idéal pour fixer une rangée de portemanteaux. Vous pouvez également construire un large placard peu profond contre un mur, que vous peindrez de couleur identique, et dont vous équiperez l'intérieur. Ajoutez des portes coulissantes et les manteaux seront judicieusement dissimulés et protégés de la poussière.

Si votre entrée est carrée, optez pour un portemanteau sur pied, qui s'accorde particulièrement bien avec les décors contemporains – un modèle compact placé dans un coin fournira une multitude de crochets à différentes hauteurs.

Les portemanteaux traditionnels, qui combinent patères, étagères, tiroirs, voire miroirs, sont généralement très imposants et un peu désuets. On trouve aujourd'hui des modèles réactualisés, dans un esprit plus léger. Une autre solution consiste à peindre de couleur claire un portemanteau d'occasion, ainsi, il semblera faire partie du décor.

TABLES, PLACARDS ET ÉTAGÈRES

Les étroites tables-consoles représentent un gain de place non négligeable et sont conçues pour être placées contre un mur ; elles ont souvent un bord incurvé, et sont parfois munies de charnières métalliques qui permettent de fixer la table au mur. Ces consoles sont suffisamment spacieuses pour accueillir tous les articles propres à une entrée, comme un téléphone, une lampe et un carnet d'adresses.

Si le hall est suffisamment large, installez des étagères et des placards bas – très pratiques pour ranger une vaste gamme

Options déco

ci-contre *Des coloris profonds et sombres créent une entrée originale, évoquant un sentiment de richesse et de luxe. Derrière le fauteuil en cuir, les étagères dans le placard fournissent une aire de rangement très pratique pour un téléphone, une lampe de lecture, et pour l'exposition d'objets décoratifs.*

à droite *La blancheur des murs agrandit le corridor, et les bibliothèques aux tons chatoyants qu'on aperçoit par la porte du fond créent une perspective.*

UNE ENTRÉE PROPRE ET NETTE

Prévoyez des aires de rangement spécifiques pour prévenir tout désordre.

- Fixez des crochets pour les clés ou des petites armoires à clés.
- Utilisez des plateaux ou des corbeilles pour entreposer et trier le courrier. Afin de minimiser l'amoncellement de papiers, jetez immédiatement tout prospectus publicitaire.
- Prévoyez un porte-parapluies, quelle que soit sa forme.
- Gardez une boîte ou un panier à portée de la main pour y déposer les bonnets, les gants et les écharpes des enfants, de façon à ce qu'ils ne s'égarent pas.
- Une des solutions les plus judicieuses consiste à incorporer quelques tiroirs dans les marches inférieures de votre escalier ; vous leur adjoindrez des poignées discrètes (un trou de la grosseur d'un doigt suffira) de façon à pouvoir y ranger de petits objets.
- Procurez-vous des paniers spécialement conçus pour les escaliers ; ils sont en angle droit, si bien qu'ils s'adaptent parfaitement à la bordure de chaque marche – idéal pour entreposer de menus objets.

d'articles – qui laisseront les murs libres, si bien que l'espace ne paraîtra pas trop encombré. Le dessus offrira une surface sur laquelle vous pourrez poser un téléphone, un petit bloc, etc., à moins de la transformer en siège en ajoutant quelques coussins.

Si aucune autre option pratique ne se présente, vous pouvez surmonter un radiateur d'un plateau de bois ; peint de couleur claire, il se fondra dans le décor.

PALANS DE BICYCLETTES

C'est un crime de ne pas tirer profit d'un plafond élevé ; plutôt que de gaspiller tout cet espace vacant, pourquoi ne pas en profiter pour accrocher des bicyclettes ? Hissez-les là où elles ne risquent pas de déranger, c'est-à-dire au-dessus de vos têtes. On trouve dans le commerce des poulies spéciales qui s'attachent au plafond et facilitent grandement les manœuvres.

Escaliers et paliers

La ligne de l'escalier peut avoir un immense impact sur la luminosité et l'espace. Si votre hall paraît un peu trop sombre et déprimant, ouvrir la cage d'escalier pour créer un puits de lumière réveillera toute la maison.

Optez pour des marches ajourées constituées par des lamelles horizontales qui reposeront de part et d'autres de la structure du cadre de l'escalier. Ce choix va considérablement accroître le flux de lumière grâce aux espaces vides entre les marches.

Si vous possédez déjà un escalier plein, son remplacement peut s'avérer compliqué. Une solution pourrait être de remplacer certaines sections du palier par des grilles métalliques. Elles offriront tout le confort et la sécurité requis, et les espaces entre les barreaux laisseront circuler la lumière d'un étage à l'autre.

RAMPES ET BALUSTRADES

S'il est impossible de modifier l'escalier luimême, on peut se contenter d'en changer les rampes, ce qui peut suffire à apporter une différence considérable. Les rambardes de bois imposantes sont souvent lourdes et démodées. Pour obtenir un effet plus léger et plus dépouillé, on pourrait les remplacer par du verre trempé imbriqué dans un cadre d'acier, ou par un filin d'acier tendu entre deux piliers métalliques. L'aspect rappellera l'esprit sobre et légèrement industriel d'un bureau d'architecte ou d'un paquebot de croisière.

à droite *Les éléments fuselés de cet escalier, associés au hublot ne sont pas sans évoquer les lignes d'un paquebot. L'effet obtenu est sobre, élégant, et gracieux.*

Pour souligner cette approche résolument fonctionnelle, vous pouvez également installer des radiateurs le long de la balustrade du palier (en ajoutant une rampe par-dessus, pour ne pas vous brûler). Ces radiateurs chaufferont la cage d'escalier tout en participant à la modernité de l'ensemble.

S'il n'y pas d'enfants dans votre entourage, vous pourrez même éliminer la rambarde. En laissant l'escalier ouvert – au moins d'un côté – la disposition en zigzag des marches et des contremarches jouera un rôle dans l'architecture de la pièce.

ci-dessous *L'espace situé sous l'escalier de ce hall a été transformé en une magnifique cave à vin : on a installé dans l'angle de l'escalier un treillis de casiers à bouteilles individuelles, de manière à pouvoir y accéder facilement.*

UNE CAVE À VINS SOUS LES ESCALIERS

Si l'escalier est plein, créez une cave à vins en y installant dessous tout un ensemble de porte-bouteilles. Intercalez étagères et montants, en comptant une étagère par marche, et ce afin de créer une cave modelée en triangle droit.

REPOSITIONNEMENT

On peut changer la courbe d'un escalier en alternant paliers et tournants à des points précis, ce qui permet de gagner quelques précieux centimètres. Plus un escalier est abrupt, et moins il prend de place. L'exemple parfait est l'escalier en colimaçon, qui ne prend que très peu de place, puisqu'il est monté sur un axe vertical très raide. Par contre, cette installation, particulièrement efficace en cas d'espace très restreint, est déconseillée si vous avez des enfants (sachez aussi qu'il sera très difficile d'y faire passer des meubles).

CRÉER UN STYLE

Optez pour des couleurs claires dans la décoration des escaliers et du palier. Un seul coloris unifiera murs et plafonds. Choisissez une teinte identique ou un peu plus sombre pour la cage d'escalier.

Idée déco
un escalier ouvert

Couleurs

Murs de fond et tonalités des bois

Grain du bois

Montants d'escalier métalliques et éléments de décoration

Feuillage et détails sombres

Vert et or pour les cadres

Ce hall judicieusement aménagé parvient à créer un effet décloisonné, tout en offrant une verticalité de l'espace qui optimise la hauteur des plafonds et invite à visiter les niveaux inférieurs et supérieurs.

COMMENT RÉUSSIR

Cet aménagement présente un parquet ininterrompu et des murs blancs découpés, ce qui crée un espace uniforme où chaque pièce s'ouvre sur l'escalier et semble conduire vers les autres. L'escalier lui-même est délimité par de fins piliers métalliques qui remplacent l'imposante balustrade de bois traditionnelle, et qui se fondent dans le décor, tout en apportant une touche moderne, dépouillée et légèrement sculpturale.

Les cadres et les tableaux ont été accrochés à intervalles réguliers sur les murs de l'escalier, en suivant son tracé ; leurs forme et emplacement ont été soigneusement pensés afin de souligner la hauteur des plafonds, et d'apporter un joli contraste avec les tables d'appoint basses. Le thème des œuvres exposées n'a pas besoin d'être moderne pour s'accorder avec un décor contemporain. Ici, les murs blancs rappellent une galerie d'art ; c'est pourquoi des œuvres de styles et d'époques différents, entourées de cadres variés, peuvent être exposées côte à côte, de façon un peu aléatoire, et créer un ensemble original et du meilleur goût.

Cet effet est également souligné par l'éclairage. Les spots, discrets, sont installés en retrait dans les hauts plafonds et dans la cage d'escalier, si bien que les rayons de lumière rebondissent sur les murs et illuminent les étages supérieurs et inférieurs.

L'association d'un fond clair et neutre avec un parquet sobre mais chaleureux rend l'ensemble confortable, moderne et naturellement esthétique.

ÉLÉMENTS CLÉS

FOND NEUTRE

Les blancs et crème alliés au bois naturel créent une toile de fond à la manière d'une galerie d'art, et relient les étages aux différentes pièces.

DISPOSITION OUVERTE

Les murs découpés ouvrent la vue sur les pièces situées de l'autre côté de l'escalier, dont les fins piliers métalliques offrent une définition verticale et entretiennent l'effet aéré.

PARQUET NATUREL

Par goût et sens pratique, les escaliers et les paliers sont en bois naturel, tout comme les autres pièces, et ce, dans un souci de constance et d'uniformité.

ÉCLAIRAGE DISCRET

Les spots, discrètement placés dans le plafond, et les appliques illuminent délicatement l'escalier et mettent en valeur ses lignes sans pour autant devenir trop éblouissants.

PHOTOGRAPHIES ET CADRES

Les cadres ont été accrochés de telle sorte qu'ils accentuent la ligne des escaliers et constituent un pôle d'intérêt sur les paliers ; ainsi, l'escalier a un caractère qui lui est propre au lieu de n'être qu'une simple aire de passage.

Quand l'espace est restreint, la salle de séjour prend d'autant plus d'importance. Quotidiennement, jour après jour, elle va en effet faire office de salle à manger, de bureau, d'aire de détente, et bien entendu de salon ; cette pièce doit donc s'adapter, être à la fois pratique et confortable, de jour comme de nuit, et aussi familière qu'apprêtée – peut-être aussi avec des zones définies pour contenir différentes activités. Il arrive également que la salle de séjour comprenne un coin cuisine. Si tel est le cas, tenez compte des deux aspects de la pièce dans votre projet de décoration pour qu'elles forment un ensemble cohérent.

On choisira le mobilier, les tissus et l'éclairage en fonction des différents usages de cette pièce. Privilégiez des couleurs relaxantes, des textures confortables, des meubles et un revêtement de sol suffisamment résistants pour prévenir les problèmes d'usure. Prévoyez également de nombreuses prises électriques et des coins de rangement pour y entreposer les différents articles associés à chacune des activités – livres, dossiers, vaisselle, appareils hi-fi et vidéo. Dans une pièce aussi largement sollicitée, et probablement par plusieurs personnes à la fois, il est très facile de laisser le désordre s'accumuler, aussi montrez-vous très strict sur le rangement et ne laissez pas les membres de votre famille utiliser le salon comme bon leur semble.

Pour maintenir une salle de séjour confortable, il convient de trouver un compromis entre méticulosité de laboratoire et désordre de souillon. Une fois cet équilibre atteint, associez une atmosphère chaleureuse au décor, et votre salle de séjour sera des plus réussies.

4 Salles de séjour

Organiser l'espace

ci-dessous *Le verre dépoli dissimule l'aire de séjour tout en maintenant la disposition « ouverte ». Un mobilier bas rend l'espace chaleureux et relaxant.*

Même s'il est très tentant de privilégier avant tout le confort, mieux vaut d'abord réfléchir à tous les rôles que votre salle de séjour va jouer. Qui va l'utiliser, pour quelles activités et à quel moment de la journée ?

Si votre salon doit avoir plusieurs usages, son aménagement doit se faire avec beaucoup de soin pour optimiser son exploitation. Et il doit avant tout être modulable. Il existe deux stratégies d'approche. La première consiste à allouer une section spécifique à chaque activité ; la seconde propose de maintenir l'ensemble unifié, mais de l'aménager avec du mobilier polyvalent qui pourra donc s'adapter aux différentes utilisations souhaitées, en un minimum de temps.

RÉPARTIR L'ESPACE

Dans une certaine limite, le mobilier lui-même va définir l'activité de l'espace – siège, table à manger, meuble d'ordinateur, etc. Mais il est possible de renforcer la distinction entre les sections par des nuances décoratives, que l'on adaptera en fonction de l'activité pratiquée. Ainsi, peindre les murs situés à une extrémité de la pièce avec une couleur plus riche créera une aire « salle à manger » particulièrement appropriée pour les soirées, tandis qu'on préférera adopter une teinte différente pour un renfoncement ou une alcôve qui servira de coin bureau. Le revêtement de sol peut également faire passer un message : on réservera la moquette ou autres matériaux naturels au salon et on choisira le parquet pour la salle à manger.

Les textures du mobilier apporteront leur propre contribution, car d'une façon ou d'une autre, les matières ou surfaces douces se rapportent automatiquement à la notion de confort, tandis que les surfaces dures sont liées à l'aspect pratique. Les tissus peuvent à leur tour être répartis en matières simples et robustes, réservées aux aires de séjour et de travail, comme le lin et le coton, et en matériaux plus luxueux qu'on attribuera aux zones dites de détente. Naturellement, l'éclairage est essentiel pour établir ou modifier une atmosphère : veillez bien à pouvoir ajuster votre éclairage et produire différents effets, en fonction de l'heure et de la section ciblée.

Quelques étagères hautes ou un placard montés contre le mur en angle droit initieront une transition – suffisante pour marquer le début d'une zone séparée sans pour autant couper la pièce en deux. Pour une division plus marquée, on peut augmenter le nombre d'étagères ou bien faire appel à des paravents modernes pliants ou coulissants – ces derniers sont d'ailleurs parfaits pour procurer une intimité immédiate à un coin bureau.

ADAPTER LE MOBILIER

Choisissez vos meubles en fonction des différents rôles que votre pièce va devoir jouer. Une grande table va pouvoir servir à la fois de bureau et de table pour dîner. Les repose-pieds sont très pratiques pour poser plateaux et magazines et fournir des sièges supplémentaires ; quant aux coffres, ils sont parfaits pour y ranger jouets, papiers et autres petits objets. Pour un rangement plus organisé, préférez des armoires d'apothicaires, remplies de multiples petits tiroirs.

Il est possible de changer la disposition des meubles pour délimiter des aires différentes en fonction de l'heure ou de la saison. Par exemple, on installera une table de travail près d'une fenêtre durant la journée, puis on la déplacera au centre de la pièce pour le dîner. Les meubles montés sur roulettes sont d'une aide précieuse dans une pièce polyvalente, car on peut les déplacer très facilement.

Options déco

UNE DISPOSITION RÉFLÉCHIE

Avant de commencer à décorer et meubler votre pièce, pensez aux différentes fonctions qu'elle va devoir remplir.

- Dressez un bilan rapide (Qui va utiliser cette pièce ? Quand ?...) et veillez à utiliser un mobilier suffisamment robuste pour faire face à l'usure.
- Optez pour un éclairage modulable, permettant une utilisation optimale de jour comme de nuit, et en accord avec les différentes zones de l'espace. Utilisez des variateurs de lumière pour moduler l'intensité de l'éclairage, et n'hésitez pas à ajouter de nombreuses lampes de tables ou lampadaires, de manière à diriger le flux de lumière là il est nécessaire.

à gauche *Une table pliante facilite la pleine utilisation de l'espace comme salle à manger ou bureau. Le plateau peut être réduit ou allongé en plusieurs dimensions ; et il suffira d'ajouter le nombre de chaises nécessaires.*

voir page suivante

SOLUTION GAIN DE PLACE

Optimisez l'usage des chaises droites : utilisez-les également comme dessertes. Elles prendront bien moins de place que les traditionnelles tables basses, souvent imposantes.

Confort et couleur

La notion de confort est toute relative et très personnelle. Certains ont besoin d'un intérieur calme et apaisant, mais d'autres le préfèrent vivant et stimulant. L'essentiel est d'établir une atmosphère visuellement esthétique.

COMBINER LES COULEURS

Les couleurs neutres reflètent toujours calme et élégance. Si la pièce est peu lumineuse, on privilégiera des tons miel et bruns, alors qu'on forcera sur les dégradés de gris et beiges pour accentuer un côté minimaliste.

Si l'on souhaite un effet coloré plus présent, mais pas trop soutenu, on fera appel à tous les tons pastel, apaisants et sobres. De par la similitude de leurs tons, toutes ces couleurs douces peuvent être associées les unes aux autres. Profitez des accents et des contrastes pour varier les teintes : ajoutez, par exemple, quelques touches de rose et de jaune paille pour plus de chaleur à un camaïeu de bleu pâle, verts et mauves.

Si vous souhaitez vraiment des couleurs un peu plus soutenues, optez pour des teintes vives et franches qui sont fraîches et stimulantes, ou pour des coloris effacés dont la personnalité « naturelle » les rend faciles à vivre, comme le bleu marine, l'ocre et le vert mousse ou le vert feuille.

TEXTURES SUPERPOSÉES

La sobriété des couleurs appelle des textures variées pour fournir contrastes et motifs. Dans une salle de séjour, on peut superposer plusieurs textures en utilisant des objets doux – tapis, coussins, plaids et tissus. Optez par exemple pour un canapé géométrique que vous recouvrirez d'un lourd tissu soyeux et que vous décorerez de coussins aux textures variées.

Privilégiez les tissus unis qui possèdent déjà leurs propres motifs – laines à chevrons, trames en jacquard, velours, etc. – et adoptez la qualité et la quantité des tissus aux différentes saisons et heures de la journée. En hiver, on peut ajouter quelques tissus aux tons chauds, alors qu'en été, on optera pour des matières plus fraîches et plus fines.

REVÊTEMENTS DE SOLS

Le revêtement de sol apporte sa propre touche de couleur et de texture. Le bois naturel, un parquet donne toujours d'excellents résultats et agrandit l'espace ; notez qu'un plancher peint en blanc offre un aspect moderne et simple.

UNE DÉCORATION CONTENUE

Ne vous laissez pas envahir par des objets personnels. Exposez quelques photographies pour établir une atmosphère intime, mais ne les laissez pas recouvrir tous les murs de votre pièce : sélectionnez celles que vous préférez et regroupez-les sur un pan de mur.

Toutefois, si vous aimez vous allonger par terre ou si vous avez des enfants, ce choix risque de manquer de confort. Une moquette neutre s'impose alors. Il existe d'autres matières neutres moins confortables que la moquette mais plus que le parquet. Et prenez garde : certains de ces revêtements, comme la fibre de coco et le sisal, qui offrent une meilleure insonorisation que le parquet, peuvent s'avérer bien moins confortables à cause de leur fini rugueux. D'autre part, certaines matières – jute souple ou coton – peuvent aussi s'user trop rapidement. Si vous souhaitez privilégier le confort, choisissez un revêtement contenant un pourcentage élevé de laine, qui le rendra ainsi plus résistant.

mais beaucoup trop cher !

UNE DÉCORATION SENSÉE

N'oubliez pas que le confort va de pair avec la tranquillité d'esprit, aussi considérez l'aspect pratique en même temps que l'aspect esthétique. Si vous vivez à cent à l'heure ou si vous avez des enfants, mieux vaut oublier les canapés blancs ou crème et ne pas espérer vaguement qu'ils survivront malgré tout. Les tissus d'ameublement doivent être résistants et lavables. Portez donc votre choix vers de la toile de jean classique ou du coutil, ou encore du lin épais dans des tons en demi-teintes : vous créerez ainsi un style sobre et moderne qui ne révélera pas la moindre tache, et qui sera aussi facile à nettoyer si nécessaire.

Options déco

PRINCIPES DE DÉCORATION

- Évitez les couleurs trop prononcées et les motifs chargés, dont on se lasse très rapidement ; les salles de séjour doivent fournir un environnement relaxant.
- Si la pièce remplit plusieurs fonctions, ne cherchez pas à y introduire un style trop marqué, difficile à adapter. Ciblez plutôt un ensemble neutre auquel vous ajouterez des accessoires originaux pour rythmer un peu le décor.
- Souvenez-vous qu'une tapisserie et un revêtement de sol neutres sont plus faciles à assortir à de nouveaux meubles et accessoires plus colorés.

page précédente *Ces flamboyants dégradés de miel et caramel s'associent aux riches textures des tissus pour offrir un effet à la fois neutre et chaleureux. Superposer plusieurs textures contrastées de cette manière est un excellent moyen d'allier esthétisme et confort.*

ci-contre *Des tons plus froids, comme les gris et verts utilisés ici, aident à agrandir un espace réduit. Des touches de couleur plus soutenue créent alors des accents joyeux.*

Les sièges

De nos jours, la tendance consiste à meubler une salle de séjour avec des meubles individuels, de taille et styles différents, qui permettent d'adapter ses sièges à l'architecture de la pièce et de construire un ensemble personnel. Pour un résultat optimal, choisissez des sièges bas, qui vont donner l'impression que le plafond est plus haut, et que la pièce est plus spacieuse.

FORMES DE CANAPÉS

Les canapés suscitent toujours le même engouement, et si la place le permet, vous souhaiterez sans doute en acquérir un, mais avant cela, prenez soigneusement toutes vos mesures. Ne prenez pas systématiquement le modèle le plus grand qui puisse entrer dans votre pièce. En fait, vous constaterez peut-être que deux petits sofas, disposés en L ou face à face, s'accordent mieux avec les proportions de la pièce qu'un seul grand. S'il n'y pas suffisamment de place pour installer des fauteuils, ajoutez des repose-pieds, des poufs ou des grands coussins.

Le sofa classique connaît lui aussi de multiples variantes. Les banquettes romaines, par exemple, ornées de cadres de bois

à gauche *Une combinaison de fauteuils, canapés et coussins de sol vous permet d'organiser votre salon de la manière la plus judicieuse et la plus adaptée à la pièce et à l'occasion.*

ci-contre *Ces gros coussins de cuir sont extraordinairement confortables et peuvent servir de sièges mais aussi de plateaux de table.*

décorés et d'accoudoirs sobres, légèrement matelassés, sont souvent de taille plus petite et de forme plus gracieuse, et créent donc des contrastes plus intéressants dans une salle de séjour moderne. La méridienne classique est plus légère et moins encombrante qu'un sofa (mais son utilisation est forcément limitée, aussi réfléchissez bien avant d'en faire l'acquisition).

FAUTEUILS ET CANAPÉS D'ANGLES

Les canapés d'angles font partie des innovations les plus judicieuses des années 1970. À l'époque, ils étaient populaires car ils s'intégraient parfaitement aux intérieurs décloisonnés ; aujourd'hui, ils sont à nouveau au goût du jour et sont particulièrement appréciés dans un espace limité. Grâce à leur structure basse et géométrique, ils optimisent les coins perdus, sont modulables et peuvent donc être assemblés pour former un salon de la forme et de la taille de votre choix.

Cependant, si l'architecture de votre pièce ne le permet pas, ne vous sentez pas obligé d'y intégrer à tout prix un canapé. Des fauteuils individuels, choisis pour leur style et leurs lignes, paraîtront plus à leur avantage et seront plus confortables qu'un sofa qu'on s'est escrimé à imbriquer dans un espace trop petit pour lui. Les modèles en cuir sont particulièrement séduisants, et leur style élégant et intemporel leur permet de s'intégrer dans n'importe quel salon moderne – un tant soit peu neutre. Évitez cependant les démarches extrêmes : l'effet trop fonctionnel ou de « bureau », ou au contraire, le style Régence. En fait, le fauteuil en cuir le plus confortable et le plus attrayant suggère une qualité pratique et solide, sans pour autant paraître usagé.

Options déco

ORGANISEZ VOTRE SALON

- N'amoncelez pas trop de meubles dans votre espace – s'ils ont l'air à l'étroit, ils ne sembleront pas non plus très confortables. Mieux vaut prévoir une disposition minimale, quitte à la renforcer, le cas échéant, avec des sièges réquisitionnés ailleurs.
- N'ajoutez pas sans cesse de nouveaux meubles simplement dans le but de renouveler le décor. Si vous vous lassez de votre mobilier, adaptez-le en introduisant des notes créatives – modifiez la disposition ou changez housses et coussins en fonction des saisons.
- Ne laissez pas le téléviseur dominer toute votre disposition – on le place invariablement dans un coin, qui, normalement, ne doit pas attirer l'attention. Réfléchissez bien à l'aménagement du salon, de manière à privilégier esthétisme et confort – prenez en compte les positions des fenêtres, des portes et de la cheminée, s'il y en a une, puis ensuite seulement, posez le téléviseur dans un espace encore libre. Vous pourrez toujours le déplacer – ou rapprocher un fauteuil – quand vous le souhaiterez.

Les tables

ci-dessous *Cette élégante table accompagnée de chaises tapissées offre un espace de lecture durant le jour et se transforme en salle à manger le soir venu.*

Quand l'espace est limité, les tables doivent être peu encombrantes ou, si elles le sont, doivent avoir une autre fonction en dehors des repas. Les formes rondes et ovales se révèlent souvent plus pratiques que les carrées ou rectangulaires, car, à taille égale, on peut y placer plus de convives sans perdre de place avec des coins saillants. Les modèles à rallonges sont bien entendu toujours très pratiques. Certaines tables sont pliables, si bien qu'on peut les placer contre un mur pour qu'elles servent de bureau, puis les ouvrir pour les repas. Enfin, il existe des tables avec des rallonges qu'il suffit de glisser pour agrandir le plateau quand on en a besoin.

On peut aussi remplacer une table ovale par deux petites carrées, en en réservant une pour les repas de tous les jours, et en utilisant l'autre comme table d'appoint dans la salle de séjour ; il suffit alors de réunir les deux pour un grand dîner. Cette solution est également conseillée lorsque les ouvertures des portes sont étroites ou peu pratiques et rendent difficile le passage de gros meubles.

TABLES TEMPORAIRES

Une table basique montée sur tréteaux rend d'incroyables services, car, de bureau le jour, elle se transforme en un tour de main en table à dîner le soir, et peut, en outre, se replier rapidement pour libérer l'espace. Sur le même modèle, on peut aussi acheter un plateau de table supplémentaire qu'on dressera sur une petite table pour l'agrandir lors de dîners ou de réunions de famille. Pour cela, vous pouvez utiliser une plaque de contreplaqué ou d'aggloméré de 2 cm d'épaisseur, que vous peindrez comme vous le souhaitez ou recouvrirez d'une nappe.

SIÈGES CONFORTABLES

Vous avez le choix entre des chaises droites et des modèles aux formes plus douces ou plus enveloppantes. Certaines chaises droites, moins strictes que par le passé, possèdent maintenant des structures dépouillées, qui leur confèrent un aspect moderne et fonctionnel. Elles sont en bois ou moulées dans du plastique. Le résultat reste néanmoins plus rigide que doux. Pour davantage de confort,

à gauche *Le mobilier délimite les différentes parties de cette salle de séjour : les chaises confortables disposées autour d'un grand tapis et d'une table imposante forment le coin salle à manger et réception.*

ajoutez quelques coussins, ou optez pour des structures en tubes avec accoudoirs et ressorts, ou encore des sièges matelassés, qui se prêtent davantage aux dîners conviviaux et réceptions détendues.

Si le besoin de sièges supplémentaires se fait sentir, procurez-vous des chaises pliantes, faciles à ranger : les chaises de jardin toutes simples ou les chaises bistro en métal sont aussi esthétiques que pratiques ; les fauteuils en toile dits « de metteur en scène », quant à eux, contribuent à une atmosphère plus détendue.

UN ÉCLAIRAGE SUR MESURE

Un éclairage d'atmosphère est indispensable à la réussite d'un dîner, une table mal éclairée pouvant avoir un effet vraiment désagréable. Un lustre ou un candélabre suspendu très bas baignera la table d'une lumière diffuse et ajoutera des éclats étincelants. D'autres luminaires, fixés au plafond et recourant à des systèmes de poulies, ou encore quelques appliques murales fournissent un bel éclairage de fond. Ces combinaisons offrent un éclairage ambiant plaisant et mettent en valeur la décoration de la pièce. Ne sous-estimez pas l'importance des bougies, qui ajoutent vie et mouvement à l'atmosphère tout en lui conférant de somptueux reflets. Choisissez une vaisselle unie, de préférence dans les tons clairs, et dressez la table avec de nombreux verres (y compris de couleur) qui réfléchiront la lumière et renforceront l'aspect étincelant.

Options déco

MOBILIER EN BOIS PEINT

- N'oubliez pas que la présence excessive de bois peut paraître lourde. Pour atténuer cet effet, utilisez d'autres surfaces comme du mobilier en métal, des tables avec des plateaux de verre et des chaises en polypropylène. Du bois peint apportera une note plus fraîche et plus légère.
- Le bois peint en blanc produit un effet propre, net et simple, mais pour un style plus convivial, vous pouvez choisir des dégradés colorés. C'est d'ailleurs un bon moyen de rafraîchir des chaises d'occasion. Privilégiez des couleurs vives ou pastel.
- Préparez soigneusement les chaises avant de les peindre. Si elles sont déjà peintes, passez-les au papier de verre pour que la nouvelle couche de peinture puisse bien adhérer sur l'ancienne. Si elles sont vernies ou cirées, utilisez un décapant, puis grattez vigoureusement avec de la laine de verre plongée dans du white spirit. Appliquez ensuite un apprêt et une sous-couche, puis ajoutez votre peinture : brillante, elle donnera un fini réfléchissant plus lumineux, mate, elle offrira un lustrant plus subtil.

Créer un espace bureau

À l'instar des salles à manger, les bureaux ne sont généralement pas utilisés en continu, aussi, pensez aux aménagements « deux en un » qui permettent d'adapter la pièce quand cela est nécessaire.

SURFACES D'ÉTUDE

Un plateau de bureau à une hauteur confortable et un éclairage adéquat sont essentiels. Optez pour une lampe multidirectionnelle que vous pourrez projeter sur votre travail ; l'idéal serait également de bénéficier d'un peu de lumière naturelle. Pour un bureau fixe, vous pouvez envisager de construire dans un coin de la pièce un plateau de table qui fera partie d'une série de placards. Afin de bénéficier d'un bureau aussi profond que possible, imbriquez le plateau dans un recoin, et choisissez-le à bord incurvé, pour le rendre moins saillant.

Vous pouvez acquérir un plateau de table fait sur mesure, monté sur charnières, qui se replie contre le mur. Il existe également des meubles polyvalents qui constituent des bureaux très pratiques. Versions améliorées du bureau traditionnel, ces meubles incluent des étagères mobiles qui accueillent dossiers ou clavier d'ordinateur, et les plus sophistiqués possèdent même des tiroirs de classement, voire un tableau magnétique à l'intérieur des portes. Ces meubles, qui ressemblent à des placards lorsqu'ils sont fermés, donnent vraiment l'impression d'avoir un bureau à part entière quand vous les ouvrez.

Si vous disposez d'une alcôve ou d'un recoin, vous pouvez y installer une série d'étagères solides et faire la plus basse un peu plus profonde pour créer un plateau de bureau. Votre lieu de travail sera contenu dans un espace bien délimité, et quand vous n'utiliserez pas ce plateau, il pourra faire office d'étagère supplémentaire ou recevoir des objets décoratifs.

ci-contre *Voici un bureau parfait pour un espace réduit. Ce placard abrite un écran d'ordinateur, quelques fournitures de bureau, un plateau mobile et un panneau d'affichage dissimulé derrière chaque porte.*

à droite *Équipez votre bureau de classeurs et de boîtes pour y ranger vos papiers et réduire le désordre. Ne laissez pas votre coin bureau envahir tout le reste de la pièce : utilisez le mobilier pour bien marquer les séparations.*

UN PEU DE PRAGMATISME

Pour votre équipement informatique, préférez un ordinateur portable à une unité centrale volumineuse, et privilégiez des systèmes combinés, qui font par exemple imprimante-fax-photocopieuse-scanner en un seul élément, afin de gagner de la place sur votre bureau et d'éliminer tous cordons de raccordement. N'oubliez pas que votre bureau fait partie de la salle de séjour – aussi, ne laissez pas papiers et dossiers envahir l'espace et gâcher l'atmosphère de la pièce.

SYSTÈMES DE RANGEMENT

Pour éviter tout désordre dans vos papiers ou sur votre bureau, les meilleures solutions sont celles qui favorisent les rangements fermés. Des petits meubles de rangement et des tiroirs, montés sur roulettes, peuvent être glissés sous votre bureau ; il existe aussi une multitude de boîtes et de classeurs de toutes tailles qui, rangés sur des étagères, offrent une apparence très décorative. Vous pourrez d'ailleurs les étiqueter ou les classer par couleurs, de manière à ne pas tout mettre sens dessus dessous pour retrouver votre dernier relevé de banque. Conservez vos papiers personnels, professionnels et domestiques séparés, et assurez-vous de pouvoir accéder facilement aux documents essentiels comme passeports, permis de conduire, garanties, et numéros d'urgence.

Outre les systèmes de rangement prêts à l'emploi, vous pouvez improviser les vôtres à partir de diverses boîtes, paniers, corbeilles ou seaux. Les malles de pique-nique en osier ont une taille idéale pour ranger documents et correspondance ; les petits égouttoirs à couverts et les porte-bouteilles font de très jolis pots à crayons ; et les seaux en acier galvanisé peuvent, quant à eux, servir de corbeilles à papier ou contenir des plans roulés, des rouleaux de papier cadeau et autres grands documents que vous ne souhaitez pas plier.

Mettez également les murs à contribution, en installant des rangements sur crochets et chevilles. Ainsi, une rangée de boîtes fixées au mur au-dessus de votre bureau recevra crayons, trombones, etc. Pensez également aux tableaux magnétiques ou à punaises qui, accrochés dans une alcôve, serviront de pense-bête très pratique pour se souvenir des invitations ou des messages auxquels il faut répondre.

Rangement et espace détente

Pour tout ranger dans la salle de séjour, deux solutions s'offrent à vous : soit les dissimuler, soit les exposer.

Certaines personnes aiment exposer leurs livres, leurs CD, voire leur vaisselle, tandis que d'autres préfèrent les dissimuler derrière une façade nette et des portes closes.

DERRIÈRE LES PORTES CLOSES

Un rangement fermé reste la solution la plus soignée. Les placards, armoires et commodes offrent des aires de rangement de différentes tailles et formes, mais avant d'opter pour un modèle particulier, définissez ce qu'ils seront censés contenir. Certains modèles sur pied peuvent vous convenir, mais le mobilier encastré et sur mesure optimisera le mieux votre espace. En tirant le meilleur parti de toute la hauteur des murs, votre placard pourra être moins profond et donc occuper moins de surface au sol.

Les articles comme les livres, CD, DVD et vidéos ne nécessitent pas une grande profondeur d'étagères. Pour des articles plus profonds – par exemple disques vinyle ou piles de vaisselle – utilisez les recoins déjà existants que vous équiperez d'étagères puis de portes frontales alignées au niveau du mur adjacent ou des autres meubles encastrés.

Si l'idée d'avoir tout un pan de rangement fermé par des portes vous déplaît, mais que vous manquez d'ordre et de discipline pour envisager un rangement à découvert, pourquoi ne pas considérer des portes partiellement vitrées, en verre dépoli, ou encore couvertes d'un filet métallique qui dissimulera le contenu intérieur sans pour autant les obscurcir complètement ?

Complétez vos placards muraux avec d'autres meubles contenant des espaces de rangements cachés. Pensez aux coffres et aux tables basses munis de plateaux amovibles ou de tiroirs intégrés, ou encore aux tiroirs individuels que l'on glisse sous les canapés ; la seule chose visible est le panneau de bois qui semble, en fait, faire partie de sa base.

À DÉCOUVERT

Tous ces concepts peuvent également s'appliquer aux rangements ouverts, avec des étagères profondes insérées dans des niches

Options déco

INSPIRATION INDUSTRIELLE

- Vous pouvez créer vous-même votre propre système de rangement en empilant des caisses en bois les unes sur les autres. Veillez à ce qu'elles soient solides et propres, et « ancrez » chacune d'elles en les lestant d'un objet lourd (quelques livres feront l'affaire). L'effet sera fonctionnel et d'inspiration industrielle, surtout si vos caisses possèdent des inscriptions extérieures révélant leur contenu initial ou des détails de fret, ce qui renforcera encore leur originalité. On peut également créer des étagères moins profondes en empilant des planches de bois sur des briques – cet aspect très rudimentaire rappelant les entrepôts – convient bien aux intérieurs sobres et modernes.

ci-contre *Les placards encastrés sont parmi les solutions les plus judicieuses pour abriter les articles les plus divers. Concevez des placards qui occuperont tout un pan de mur du sol au plafond.*

ci-dessus *Ces tiroirs montés sur roulettes se glissent sous des tables et des étagères basses pour agrandir l'espace de rangement. Parfaits pour dissimuler le petit désordre quotidien, comme les jouets et les jeux dans une salle de séjour familiale.*

(très pratiques pour un téléviseur ou un magnétoscope) et des étagères plus étroites que l'on montera contre des murs. Mesurez soigneusement la hauteur de leur emplacement, ou utilisez un système modulable qui vous permettra de varier la position des étagères. Ne présupposez pas, par exemple, que tous les livres occupent la même place. Concevez plutôt des étagères pour différentes hauteurs de livres, et vous constaterez que vous pourrez disposer deux rangées de livres de poche sur un espace réservé à une seule rangée de grands livres illustrés.

Les caissons de rangement sont très pratiques et conjuguent les avantages des meubles encastrés avec la flexibilité des meubles sur pieds, vous permettant de les déplacer où et quand vous le désirez. Ils constituent aussi d'excellents séparateurs de pièces. Disposez vos cubes en fonction de l'architecture et de la hauteur de la pièce. Ils sont particulièrement pratiques pour les greniers, car on peut créer des combinaisons triangulaires sous les combles, et n'utiliser qu'un ou deux cubes là où les murs sont le plus bas. Très bien adaptés pour le matériel hi-fi, ces caissons abriteront aussi photographies, objets décoratifs, vaisselle et verrerie.

MÉLANGER LES STYLES

Il n'est pas nécessaire de se cantonner à une ou l'autre de ces deux approches. Ainsi, des placards encastrés et des systèmes cubiques peuvent combiner rangements ouverts et fermés pour varier le style et vous procurer le meilleur des deux techniques. Vous pouvez également personnaliser vos caissons en y incorporant de jolies boîtes, paniers ou plateaux. Pensez cependant à laisser quelques sections libres pour des objets décoratifs ou du rangement « ordonné ». Les systèmes les plus astucieux restent ceux qui

dissimulent des aires de rangement derrière des étagères ouvertes. Il vous faudra peut-être faire appel à un menuisier professionnel, mais vous pouvez créer une superposition de cases de rangement spacieuses où vous disposerez téléviseur, appareils hi-fi, et dossiers que vous n'avez pas besoin de consulter régulièrement. Puis, il vous suffira d'ajouter devant deux bibliothèques étroites, montées sur roulettes, que vous ouvrirez comme une porte pour accéder aux rangements dissimulés derrière.

MODERNITÉ HIGH-TECH

Les meubles pour l'équipement hi-fi et vidéo sont de plus en plus perfectionnés. Évoluant au rythme des nouveautés technologiques, les meubles deviennent de plus en plus compacts. Aujourd'hui, ce type de mobilier – destinés en particulier aux systèmes hi-fi – peut occuper moins de place qu'une petite pile de livres sur une étagère.

Les téléviseurs restent cependant les objets les plus encombrants, et si vous ne voulez pas laisser le vôtre dominer toute la pièce, choisissez un petit écran qui se rangera sans problème sur une étagère ou se dissimulera derrière la porte d'un placard. La taille exprimée de l'écran est celle de sa diagonale. Si vous êtes passionné de films et souhaitez une image qui rende justice au home cinéma, optez pour des écrans plats peu profonds.

Les chaînes stéréo combinent radio, cassettes et CD, et deviennent de plus en plus compactes. Quant aux enceintes, autrefois immenses, elles sont devenues plus discrètes et tiennent sur une étagère. Le même principe s'applique aux téléviseurs, magnétoscopes et lecteurs DVD, qui sont parfois combinés, évitant ainsi l'accumulation de meubles et de câbles.

Les plus grosses pièces sont disponibles avec leurs propres meubles, et nombreux sont ceux qui intègrent une étagère ou un placard entier pour ranger CD et cassettes. On peut installer les appareils plus petits sur des étagères ou dans des placards, ou encore les monter sur des équerres ajustables qui se replient lorsqu'on ne les utilise pas.

UNE TECHNOLOGIE DE POINTE

Une tendance récente en matière de design propose un équipement qui est lui-même conçu pour être exposé plutôt que dissimulé dans un meuble comme s'il nous gênait. L'acier chromé, l'aluminium et le titane reflètent une technologie haut de gamme qui s'octroie une place de choix dans les appartements modernes et minimalistes. Le noir mat est discret mais contemporain, et les finis en bois vernis ou cuir ajoutent une note luxueuse. Pour un ensemble un peu plus gai, choisissez un équipement coloré ; il existe même des façades de couleurs interchangeables qui habillent les différents appareils. Pour contraster avec toute cette technologie moderne, insufflez un zeste de style rétro en incorporant des éléments décoratifs des années 1950 et 1960, époques où un poste de radio portable représentait le summum de la sophistication.

à gauche *Des portes coulissantes sont parfaites pour gagner de la place, car elles ne s'ouvrent pas en empiétant sur la pièce. Ici, elles servent à dissimuler livres, jeux, cassettes vidéo et même un téléviseur.*

ci-contre *Ces caissons sur roulettes aux multiples usages servent à la fois de table et de rangement spacieux. Leur structure modulable permet de les adapter à la configuration de votre pièce.*

à droite *Une table roulante permet de ranger de manière fonctionnelle et astucieuse des objets tels que CD et vidéos. La structure, montée sur roulettes, se déplace à l'envi et se remise dans un coin.*

JEU DE CACHE-CACHE

N'hésitez pas à dissimuler votre téléviseur. Vous gagnerez de la place que vous serez libre d'aménager comme bon vous semblera – peut-être même pour un siège supplémentaire.

Idée déco
couleurs froides

Couleurs

Pour obtenir un effet dépouillé et spacieux, la plupart des décors modernes misent sur la neutralité, mais cette salle de séjour, ouverte et aérée, éclate de couleurs.

COMMENT RÉUSSIR

Ici, le secret réside dans les tons clairs et pastel qui réfléchissent un maximum de lumière : bleus, verts et lilas. On a ajouté une touche de rose pâle qui apporte suffisamment de chaleur pour éviter à la pièce de devenir trop froide ou inhospitalière.

Pour accompagner ce judicieux choix chromatique, on a opté pour des meubles aussi compacts que possible. Les lignes du canapé sont simples et géométriques, et la table basse est petite et effacée. Les autres sièges comprennent des chaises droites dépouillées que l'on peut empiler les unes sur les autres lorsqu'on ne s'en sert pas, ainsi qu'un fauteuil et un tabouret arrondis, d'inspiration très futuriste.

Les fins placards sont conçus pour contenir dossiers et équipement informatique contre un mur, dissimulés en partie derrière des portes pliantes. Leurs teintes vert pâle et lilas se fondent bien avec le reste de la pièce et empêchent le coin bureau de paraître trop fonctionnel. Le fait de les surélever favorise le gain de place et fournit des espaces de rangements près du sol, pour y placer boîtes, classeurs, plateaux, etc.

Le parquet en bois neutre ouvre toute la pièce et fait le lien entre la salle de séjour pastel et la chambre à coucher adjacente. Les surfaces miroitantes, comme le plateau de table, augmentent la réflexion des couleurs. Combinées aux vases et autres accessoires, elles apportent quelques notes étincelantes qui contribuent à donner à la pièce son aspect vivant.

ÉLÉMENTS CLÉS

COULEURS PASTEL FROIDES

Les bleu clair, vert et lilas réfléchissent la lumière et optimisent l'espace.

MOBILIER GAIN DE PLACE

Optez pour des modèles aux lignes pures et dépouillées, voire légèrement futuristes, mais assez arrondies pour éviter les coins saillants.

SURFACES RÉFLÉCHISSANTES

Les plateaux de table décorés de miroirs et autres objets métalliques étincellent et réfléchissent la lumière dans la pièce.

PARQUET EN BOIS

Les planches de bois ciré sont disposées à l'horizontale pour agrandir l'espace et créer une continuité avec la pièce adjacente.

RANGEMENTS PRATIQUES

On remarquera les étagères spacieuses qui accueillent livres, dossiers, fournitures de bureau et équipement informatique, et auxquelles on a ajouté des portes qui, une fois fermées, dissimulent leur contenu.

Idée déco
couleurs chaudes

Cette salle de séjour doit sa chaleur à ses belles couleurs ocres ainsi qu'au mélange intéressant de surfaces et de textures qui la meublent.

COMMENT RÉUSSIR

L'association de tons café et crème est ici élégante et moderne sans avoir les accents froids qu'elle évoque parfois. Les jolies touches caramel et chocolat constituées par les coussins et les plaids ajoutent une tonalité plus profonde ; en outre, les teintes bigarrées des briques de la cheminée élargissent la palette de couleurs avec des ocres mats et des nuances terracotta.

Avec toutes ces textures et variétés de couleurs, les tons légers et modernes de la table et du buffet en bois offrent un contraste des plus heureux ; les accents de bleu vif, qu'on retrouve sur le plat et sur la porte du placard, sont rafraîchissants et contrebalancent les dégradés de crème et mastic, sans pour autant apporter une once de froideur.

Le sol, recouvert d'une moquette épaisse et côtelée, douce et confortable crée un fond chaleureux et accueillant, complété par des fauteuils confortables et de gros coussins moelleux. C'est une pièce où il fait bon se détendre et se pelotonner, notamment grâce à la richesse et à la somptuosité de toutes les matières contrastées, depuis la flanelle et le velours, jusqu'à la fourrure et au daim.

La façade en briques de la cheminée ajoute une texture supplémentaire, et son inspiration artisanale n'est pas sans rappeler une usine ou un entrepôt, combinant ainsi style industriel et esthétisme discret. La cheminée d'origine est d'une grande sobriété, sans aucune fioriture, afin de ne pas trop attirer le regard. Ce sont les flammes du foyer qui deviennent le centre de l'attention dans cette pièce, si confortablement meublée.

ÉLÉMENTS CLÉS

COULEURS CHAUDES
Les tons café, crème, caramel et chocolat créent un ensemble chaleureux, relaxant, et mettent en scène une palette de tonalités naturelles.

RICHESSE DES TEXTURES
L'intéressante association des tissus, du revêtement de sol et des briques permet une diversité des surfaces et des finis.

CONFORT DES SIÈGES
Fauteuils et canapés, profonds et confortables, sont agrémentés de couvertures et de plaids. Les gros coussins moelleux rendent le sol presque aussi accueillant que le mobilier lui-même.

MISE EN VALEUR DES BRIQUES
Les briques de la cheminée renforcent le riche mélange de couleurs et de textures, et donnent à la pièce un côté fonctionnel et moderne.

UN FOYER OUVERT
Le foyer consiste en une simple ouverture dans le mur, sans aucun ornement ni fioriture, devenant ainsi juste un espace fonctionnel où faire du feu.

Couleurs

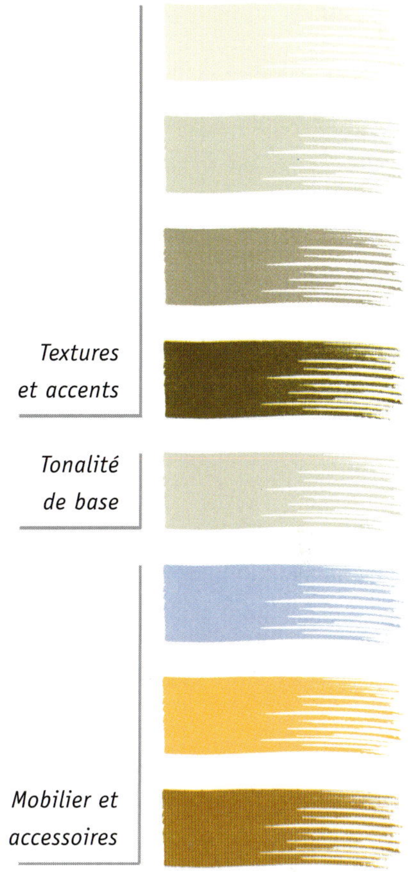

Cette pièce traditionnellement considérée comme le cœur de la maison va devoir perdre un peu de cette prérogative dans une habitation moderne et de superficie limitée. L'image classique de la cuisine spacieuse, aménagée de telle sorte qu'on puisse y préparer les repas, et possédant une table suffisamment grande pour accueillir toute la famille lors du repas dominical, n'a certainement pas été conçue en tenant compte des impératifs dictés par notre mode de vie et nos logements actuels. En effet, les petites habitations ne posséderont vraisemblablement qu'une toute petite cuisine, à peine suffisante pour y installer les équipements de base, ou même pas de cuisine du tout, mais un simple coin de la salle de séjour. Cependant, le manque d'espace a un avantage : il nous force à établir des priorités. Commencez donc par dresser une liste de tous les articles essentiels, puis déterminez ceux, facultatifs, que vous ajouterez peut-être si la place le permet.

Les passionnés de cuisine trouveront toutes sortes de gadgets très astucieux et économisateurs de place, qui les aideront à créer un centre opérationnel tout équipé, tandis que les aficionados des plats cuisinés préféreront consacrer plus d'espace aux éléments de rangement pour y stocker boîtes de conserves et bouteilles de vin. Il existe aujourd'hui du mobilier et des équipements compacts, conçus spécialement pour les petites cuisines ; notons également que les placards les plus récents optimisent l'espace disponible et minimisent l'encombrement.

Avant d'aménager quoi que ce soit, prenez le temps d'envisager un maximum de styles différents, et demandez conseil à des spécialistes qui pourront vous aider à tirer le meilleur profit du peu d'espace dont vous disposez. Même si celui-ci est très limité, vous risquez de découvrir que vous pouvez en fait l'organiser exactement selon vos désirs, et non vous contenter d'une décoration qui ne vous satisfait qu'à moitié.

5 Cuisines

Quelle utilisation ?

La cuisine est l'endroit le plus fonctionnel d'une maison, aussi, avant de penser à sa décoration et aux couleurs dont vous désirez l'habiller, vous devez définir clairement ce que vous en attendez.

UNE RÉSISTANCE À TOUTE ÉPREUVE

Combien de temps allez-vous passer dans la cuisine, comptez-vous simplement y cuisiner ou aussi y prendre vos repas, quels sont les appareils et les rangements qui vous seront indispensables ? Dans un petit appartement, votre cuisine risque de ressembler davantage à une kitchenette qu'à un véritable centre d'opérations, les activités propres à la traditionnelle « cuisine familiale » comme la préparation des repas et la révision des leçons des enfants étant redistribuées dans les salles de séjour et les chambres à coucher. Néanmoins, votre cuisine, aussi petite soit-elle, doit fonctionner avec efficacité. Certaines cuisines devront faire face à plus de passage que d'autres, aussi, tenez compte du nombre de personnes qui vont régulièrement utiliser cette pièce.

Ne trichez pas sur vos compétences culinaires. Il est parfaitement inutile d'acquérir une imposante batterie de cuisine qui restera dans les placards, et pensez que ces placards seront peut-être plus utiles en contenant des vivres que des gadgets.

Vient ensuite la question du plan de travail – avez-vous besoin d'un espace suffisant pour préparer trois plats à la fois, et en plus rouler de la pâtisserie, ou vos repas ne comportent-ils généralement qu'un seul mets dont la confection ne nécessite que peu de place ?

à gauche *Cette cuisine possède un coin repas, l'aménagement de ses éléments sur un seul côté n'envahissant pas tout l'espace.*

ci-contre *Cette disposition en « L » combine placards en bois naturel et appareils électroménagers chromés.*

Options déco

CRÉER UN COIN REPAS

- S'il n'est pas envisageable d'utiliser une petite cuisine comme salle à manger, il est cependant possible d'intégrer un coin « repas » pour y prendre un petit déjeuner. Les tables rondes prennent moins de place que les carrées et deux ou trois chaises bistro pliantes minimiseront l'encombrement de la pièce.
- Si la cuisine est adjacente à une salle de séjour décloisonnée, vous pouvez l'étendre et créer ainsi un coin repas plus spacieux que vous nicherez à la frontière des deux pièces. Si vous désirez une division nette entre celles-ci, installez un buffet de cuisine ou un grand placard (préférez les modèles aux courbes arrondies pour adoucir légèrement la séparation et éviter les coins trop saillants) ; vous pouvez aussi envisager un changement de décoration pour délimiter les deux pièces. Le simple fait de remplacer le revêtement de sol, en passant par exemple du carrelage à un parquet, « meublera » le coin salle à manger. On peut aussi se contenter de peindre les sols d'une couleur différente.

RÉNOVATION ET REMODELAGE

Souhaitez-vous garder votre cuisine séparée ou l'intégrer dans une autre pièce plus vaste ? Un aménagement ouvert permet de délimiter soi-même son périmètre, ce qui est un moyen très astucieux de gagner quelques centimètres et de constituer une cuisine plus grande – si l'on sent que cela est nécessaire.

Si vous envisagez de remodeler toute votre cuisine, profitez de cette opportunité pour repenser l'éclairage et la plomberie qui amélioreraient son côté fonctionnel, et pour ajouter quelques prises de courant, qui permettraient de repositionner les appareils électriques.

UNE PLACE POUR LA MACHINE À LAVER

Tenez-vous absolument à intégrer votre machine à laver dans la cuisine, ou pourriez-vous l'installer dans une pièce séparée ? Si vous avez de jeunes enfants, vous risquez de ne pas pouvoir vous passer d'un sèche-linge. Dans ce cas, optez pour un modèle qui combine les deux fonctions, lave-linge et sèche-linge.

Organiser l'espace

Réfléchissez au plan de votre future cuisine avec soin, en privilégiant principalement le côté fonctionnel. N'hésitez pas à demander conseil à un professionnel. La plupart des cuisinistes proposent ce service sans obligation d'achat.

Il convient tout d'abord de commencer par ce que les spécialistes appellent « le triangle de travail », c'est à dire le four, l'évier et le réfrigérateur qui doivent être, tous trois, facilement accessibles. Choisissez d'abord l'emplacement de l'évier car, avec sa paillasse, c'est souvent le bloc le plus long. (Si vous voulez incorporer un lave-vaisselle et un lave-linge, mettez-les près de l'évier pour limiter les travaux de plomberie). Placez les plans de travail et de cuisson côte à côte. Installez les plaques et le four à proximité de l'évier pour éviter les va-et-vient avec des plats brûlants. Positionnez le réfrigérateur près de la surface de travail en évitant de bloquer l'accès à l'évier. Prévoyez des plans de travail à chaque endroit clé, en plaçant le principal entre la table de cuisson et l'évier.

RANGEMENTS SUR MESURE

Si vous êtes seul à utiliser votre cuisine, le mieux est de la concevoir en « U ». À l'inverse, si vous êtes plusieurs, aménagez-la plutôt en « L » pour ouvrir l'espace et faciliter ainsi la circulation.

Réfléchissez aussi aux problèmes de hauteur et d'accessibilité. Choisissez ce qui vous paraît le plus pratique entre les tiroirs et les placards (voir page 44).

Ne placez pas le four, le réfrigérateur et le congélateur à n'importe quelle hauteur. Il est

ci-contre *Les colonnes d'éléments simplifient les manipulations, aussi empilez ceux dont vous vous servez le plus. Dans cette cuisine, le four à micro-ondes trône sur le four, tandis que le réfrigérateur et le congélateur sont superposés.*

Options déco

ci-contre
Cette cuisine en « U », très fonctionnelle, est principalement constituée de meubles bas. Les murs ainsi dégagés sont munis de barres d'ustensiles, très accessibles, et génèrent un cadre lumineux et spacieux. La surface de travail, à droite, fait également office de séparation entre la cuisine et la salle à manger.

généralement recommandé d'installer le four et le réfrigérateur au niveau du regard et le congélateur en dessous, car il sert moins souvent. Vérifiez que la hauteur du plan de travail et de l'évier correspond bien à votre taille. Il est en effet très inconfortable d'y travailler plié en deux (ou sur la pointe des pieds), d'où l'intérêt d'acheter des éléments de cuisine avec des pieds réglables.

ÉLÉMENTS ULTRA-MINCES

Plus une cuisine est petite, plus vite elle est encombrée. Pour garder une sensation d'espace et de lumière, essayez de réduire la profondeur de certains placards (il est facile d'ôter quelques centimètres sans que cela se voit de l'extérieur). Ou alors, prenez exclusivement des éléments bas pour laisser le haut des murs libre.

ÉCLAIRAGE

Prévoyez un bon éclairage au-dessus des plans de travail. Les lumières encastrées sous les placards muraux sont les plus discrètes, et les spots halogènes les plus lumineux. Vous pouvez aussi opter pour des placards avec des portes vitrées et un éclairage intégré pour une lumière douce qui marque les contours. À moins que vous ne préfériez une crédence lumineuse.

PRENDRE LES MESURES

Avant de faire la tournée des cuisinistes et de choisir les éléments de votre future cuisine, vous devez impérativement connaître l'espace dont vous disposez. Même si vous confiez votre projet à un professionnel, prenez les mesures et faites un plan pour que vous ayez tous les deux une idée précise de ce que vous souhaitez et de ce qui est possible.

- Mesurez la pièce en long et en large, sans oublier la hauteur sous plafond car les cuisinistes proposent souvent plusieurs tailles de meubles.
- Indiquez les équipements fixes comme les portes, les fenêtres et les plinthes (avec leurs dimensions) et notez les arrivées de gaz et d'eau ainsi que les prises électriques.
- Mesurez les obstacles comme les tuyaux et les compteurs (gaz et électricité) qu'il faudra éviter. N'hésitez pas à prendre des photos qui permettront de mieux visualiser votre projet avec le cuisiniste.
- Mesurez tous les équipements que vous désirez conserver de façon à les intégrer dans votre future cuisine.
- En général, les meubles bas ont une profondeur de 58 cm (bien que certains spécialistes en proposent de moins profonds) et les placards muraux de 32 cm.

Le mobilier

Par leur taille, les meubles de cuisine influent sur le style général de la pièce. Aussi, avant de choisir votre mobilier, prenez le temps de réfléchir et de choisir, surtout si vous cuisinez beaucoup.

Les meubles sur pieds sont moins encombrants qu'on ne le pense, mais si vous optez pour des éléments intégrés, rappelez-vous qu'ils formeront la toile de fond de votre décor. Pour un cadre résolument moderne, préférez des lignes sobres et épurées, et évitez les décorations inutiles, plus à leur place dans les cuisines traditionnelles.

COULEUR ET FINITION

Le blanc est net, élégant et agrandit l'espace. C'est donc un bon choix si vous n'avez pas de couleur bien définie ou si vous cherchez un ton neutre, facile à marier. Le blanc va avec tout et sera facile à accommoder, notamment si vous décidez de modifier le décor quelques années plus tard.

Le bois naturel est à la fois chaleureux et contemporain, à condition d'être sobre. Optez pour des bois pâles comme l'érable, le hêtre et le chêne clair car les plus foncés, outre leur aspect trop traditionnel, risquent d'être oppressants dans une petite pièce. Optez pour des façades tout simples, minimalistes, sans moulures ni décorations.

Les bois peints ou laqués permettent davantage de fantaisie. Les couleurs primaires dégagent une atmosphère forte et exotique, et les pastels augmentent la sensation d'espace et de lumière. Le rose bonbon, le jaune banane et le bleu pastel donneront à votre cuisine un petit air rétro digne des vieux milk-bars américains ou égaieront équipements et appareils fonctionnels (voir page 44). Préférez une teinte assortie à celles des pièces voisines. Ou, dans le cas d'un studio, personnalisez la pièce en peignant les tiroirs et les placards de différentes couleurs.

Options déco

PLACARDS TRANSPARENTS
Pour un effet de transparence et de lumière, remplacez les façades pleines de vos caissons en bois naturel, blancs ou peints, par des portes vitrées, ce qui vous encouragera à exposer votre vaisselle. Préférez du verre dépoli, granité ou trempé pour leur aspect industriel. Vous pouvez aussi choisir le verre comme principal élément décoratif. Les portes en verre dépoli bleu pâle ou vert, équipées de poignées en métal sont du plus bel effet dans les cuisines modernes et peuvent être dotées d'un éclairage intérieur pour un résultat encore plus impressionnant.

ACIER POLI
Pensez aussi à l'acier inoxydable. Très en vogue pour les appareils électroménagers, il est de plus en plus souvent proposé dans les modèles de caissons et pour les façades, ce qui crée un décor lisse et lumineux, digne d'une cuisine professionnelle.

AMÉLIORATIONS INSTANTANÉES

- Si votre installation actuelle est en bon état et vous convient, vous gagnerez du temps en la rafraîchissant au lieu de tout réaménager. Métamorphosez vos vieux placards avec une couche de peinture lavable brillante ou satinée pour un effet lisse et uniforme, ou une peinture spéciale si vos meubles sont mélaminés. Si votre cuisine est très fréquentée ou mise à rude épreuve, appliquez deux couches d'un vernis transparent de bonne qualité pour bien protéger les surfaces.
- Pour compléter l'ensemble, posez de nouvelles portes et de nouvelles poignées. Choisissez des poignées bâton ou en D en métal fin, ou encore de longues barres de tirage pour un effet net et raffiné ; ou amusez-vous, en optant pour des boules en verre coloré ou des boutons métalliques aux formes géométriques.
- Pour un changement plus radical, gardez les caissons d'origine, que vous équiperez de nouvelles portes. Les cuisinistes proposent de nombreux modèles de remplacement pour métamorphoser votre cuisine en un clin d'œil.

à gauche *Les façades vitrées de ces placards sont beaucoup moins présentes que des portes en bois plein. Dans cette cuisine moderne, les petits placards et les portes étroites créent un joli contraste et lui donnent un petit air traditionnel.*

ci-contre *Les façades vitrées de ces placards bas associées aux boiseries vert pale et aux longues poignées chromées dessinent un décor moderne et net. Le mur en briques de verre semble refléter le verre dépoli des façades.*

DÉTAILS PRATIQUES

N'oubliez pas de prendre en compte certains détails essentiels comme le mécanisme de fermeture et d'ouverture des placards. Les portes battantes ordinaires prennent beaucoup de place lorsqu'elles sont ouvertes, ce qui peut, dans une cuisine en couloir ou en « U », en bloquer complètement l'accès. Pour optimiser l'espace, posez des portes pliantes ou pliantes-coulissantes montées sur rails, orientés sur les côtés, ou vers le haut comme une fenêtre à guillotine.

Certains systèmes de rangement sont aussi très pratiques, comme les placards d'angle ou ceux à deux niveaux, équipés de portes qui se replient vers le haut ou vers l'intérieur, au lieu de s'ouvrir vers l'extérieur et d'encombrer la pièce.

MEUBLES SUR PIEDS

Généralement associés aux grandes cuisines traditionnelles, ils sont souvent oubliés au profit des meubles intégrés, supposés mieux convenir aux petits espaces. Un meuble sur pieds peut pourtant être intéressant et personnaliser une cuisine, en lui apportant une petite touche d'originalité, surtout si la pièce jouxte un séjour lui-même meublé dans cet esprit.

Si vous aimez cette idée, mais manquez de place, optez pour un grand bahut, style armoire à linge, et rangez-y vaisselle et torchons ; vous créerez ainsi un joli contraste. Apportez encore une petite note industrielle grâce à un placard muni d'étagères métalliques ou de portes grillagées.

DESIGN AVANT-GARDISTE

Certains meubles sur pieds contemporains sont spécialement conçus pour s'intégrer dans les petits espaces. Il existe des meubles en acier qui incorporent évier et plan de travail (parfois même une table de cuisson). Les îlots peuvent vous aider à structurer l'espace en séparant par exemple le coin cuisine du reste de la pièce. Certains de ces équipements sont munis de placards bas comme pour une cuisine standard. D'autres sont perchés sur des pieds pour dégager le sol et fournir des espaces de rangement, sous lesquels on pourra glisser caisses, dessertes ou bien sièges d'appoint.

ci-dessus *Cet élément design est constitué d'un placard et d'une corniche intégrée. Dessous, la surface de travail en métal brossé et le jeu de casseroles en chrome apportent une note fraîche et lumineuse qui semble agrandir la pièce.*

Options déco

ci-contre *Ces différents rangements permettent de dissimuler toutes sortes d'ustensiles sous le plan de travail. La petite desserte, très pratique, peut se glisser n'importe où.*

ci-dessous *Dans les cuisines, les tiroirs sont souvent plus pratiques que les placards, car ils dévoilent instantanément leur contenu. Ici, les façades blanches et lisses accentuent le côté épuré de la pièce.*

OBJECTIF GAIN DE PLACE

- Si votre cuisine est basse de plafond ou déjà très encombrée, préférez des petits placards, du style de ceux que l'on pose au-dessus des hottes aspirantes.
- Pour une finition plus douce et plus nette, terminez une série de placards par une étagère d'angle.
- Équipez les portes et les tiroirs de poignées cachées pour ne pas rompre l'uniformité de la surface.
- Dissimulez les appareils électroménagers derrière des façades pour créer un décor lisse et régulier.
- Réduisez la taille des placards en profondeur pour qu'ils n'envahissent pas trop la pièce.
- Préférez les portes coulissantes ou pliantes-coulissantes aux portes battantes.

EN SÉRIE OU SUR MESURE ?

Les cuisines en série sont généralement vendues en kit ou prêtes-à-monter. De tailles standard, elles obligent à faire des choix, ce qui empêche souvent d'exploiter les espaces morts. Pour les petites cuisines où chaque centimètre carré compte, mieux vaut commander des meubles sur mesure, adaptés à vos besoins et aux dimensions de la pièce. Évaluez soigneusement les coûts. Les éléments en série sont beaucoup moins chers, mais ne comprennent pas l'installation. Après réflexion, vous préférerez peut-être la solution plus coûteuse du sur mesure qui englobe absolument tout.

Les rangements

ci-dessous *Cette grande étagère ouverte, moins fonctionnelle qu'un meuble intégré, contient des ustensiles usuels, de la vaisselle et des objets décoratifs.*

La cuisine est l'une des pièces qui nécessite le plus de rangements. Plus qu'ailleurs, en effet, il convient ici de ranger astucieusement un maximum de choses dans un minimum de place, défi relevé par un bon nombre de spécialistes.

Les placards permettent d'effectuer l'essentiel des rangements, ce qui, lorsqu'on possède un minimum d'ustensiles, est le meilleur moyen de garder une cuisine propre en permettant d'exploiter tous les espaces. Installez par exemple des tiroirs au niveau du sol, ainsi que des étagères pivotantes pour accéder aux objets difficilement accessibles ; pensez aussi aux équipements spécifiques, comme les porte-bouteilles, les corbeilles à légumes et les poubelles intégrées, qui dégageront le sol ou le plan de travail.

PLACARDS, TIROIRS ET ÉTAGÈRES

Certains préfèrent les tiroirs aux placards, car ils offrent un meilleur rangement, grâce aux plateaux et aux cloisons internes qui permettent de trier leur contenu. Il existe toutes sortes de tiroirs : profonds, spécialement conçus pour les casseroles et les poêles, ou minuscules destinés aux pots ou aux sachets à épices.

Placés en hauteur, les placards muraux dessinent un décor net et précis, mais parfois oppressant dans une petite pièce, contrairement aux étagères ouvertes qui, elles, nécessitent par contre un ménage régulier. Ce genre d'étagères est idéal pour exposer des verres ou de la vaisselle ou, si vous aimez jouer avec les couleurs, aligner des pots à épices ou des boîtes fantaisie. Vous pouvez aussi fixer des planches de bois, sans support apparent, et les peindre de la même couleur que le mur, afin de les fondre dans le décor. Et si vous préférez un style plus design, plus industriel, optez pour du métal ou du verre trempé.

DESSERTES, CORBEILLES ET BACS

Des rangements individuels peuvent être glissés sous une table ou un plan de travail, ou posés au-dessus des placards muraux si la hauteur sous plafond le permet. Glissez des

ci-contre *Cette jolie desserte est équipée d'un billot en bois, d'un porte-couteaux et d'une corbeille en fil pour ranger casseroles et autres plats. Version plus légère et plus maniable du chariot de boucher, elle offre un plan de travail supplémentaire.*

paniers en rotin ou des corbeilles en fil métallique dans les espaces vides et remplissez-les de couverts, de tasses et d'autres accessoires usuels. Quant aux dessertes, le modèle de desserte le plus pratique est celui de type « serviteur » qui en plus d'étagères possède un plan de travail.

RAILS, SUPPORTS ET CROCHETS

Les rangements suspendus permettent de gagner de la place dans les placards ou sur le plan de travail. Une barre métallique fixée derrière ou à l'avant de la surface de travail permet de suspendre des ustensiles (avec des crochets, si nécessaire). Il existe aussi des supports à fixer au plafond, conçus pour accueillir des objets de grande taille, comme les casseroles, et dégager de la place ailleurs. Sur les supports muraux munis de crochets, placez des tasses, des râpes, des tire-bouchons, des pichets... Fixez l'égouttoir au mur pour qu'il serve aussi d'étagère.

ci-contre *Une barre en fer fixée au-dessus du plan de travail ou du plan de cuisson permet de suspendre les ustensiles de cuisine. Finies les recherches infructueuses dans les tiroirs !*

Options déco

PLAN ANTI-DÉSORDRE

- Réappropriez-vous les surfaces. Si vous avez un petit logement, oubliez la mode du faux désordre campagnard. Placez vos pots à épices et vos boîtes sur des étagères ou dans des placards pour dégager le plan de travail.
- Ne vous laissez pas envahir par les boîtes de conserve et les paquets périmés. Faites régulièrement l'inventaire de vos placards et jetez tout ce qui a dépassé la date de péremption.
- N'accumulez pas la vaisselle sale. Mettez-la le plus rapidement possible dans le lave-vaisselle ou lavez-la et rangez-la sans tarder.

TIROIRS DESIGN

Un caisson standard prévu pour deux étagères peut contenir quatre tiroirs qui permettent de trouver ce que l'on cherche en un clin d'œil, au lieu de farfouiller pendant des heures. Les plus pratiques sont les tiroirs minces et profonds, divisés par des plateaux ou des cloisons internes, qui permettent de distinguer instantanément leur contenu. On peut les acheter à l'unité ou en colonne, avec une mince façade, chargée de masquer l'intérieur.

Murs, plans de travail et sols

Plans de travail, crédences et autres surfaces. sont à prendre en compte lors du choix des matériaux et des couleurs.

CRÉDENCES À TOUTE ÉPREUVE

Les murs peints font en général d'excellentes toiles de fond pour les cuisines à condition de les protéger au niveau des plans de travail et de l'évier. Le carrelage est le revêtement le plus couramment utilisé, car il est solide, lavable et très décoratif. Le lambris a un aspect plus chaud, d'inspiration marine, et se révèle très pratique pour cacher un mur en mauvais état. Il est aussi lavable, à condition de le recouvrir d'une lasure à base d'huile ou d'un vernis marin. Pour un effet plus chic et plus théâtral, pensez à l'ardoise ou au granit. Les fabricants proposent aussi de nouveaux matériaux comme l'acier inoxydable, l'aluminium et le verre résistant à la chaleur pour un style citadin et industriel.

CHOIX DES PLANS DE TRAVAIL

Les plans de travail jouent un rôle essentiel dans l'aménagement d'une cuisine. Trop ordinaires, ils déprécient l'ensemble alors que, judicieusement choisis, ils peuvent métamorphoser un décor banal. Mais le style n'est pas tout. Il faut aussi raisonner « pratique » car les matériaux n'ont pas tous les mêmes caractéristiques.

Les surfaces mélaminées restent les plus abordables. D'entretien aisé, elles se déclinent en toutes sortes de couleurs et intègrent de nombreux motifs dont des imitations marbre, ardoise ou granit. Malheureusement, elles ne sont pas très robustes et s'entaillent facilement. Le granit et le marbre véritables sont beaucoup plus onéreux (comme l'acier), mais très pratiques pour entourer la table de cuisson car ils sont solides, résistants à la chaleur et faciles d'entretien. Il est plus sage d'envisager cette solution dans les petites cuisines où les besoins en plans de travail sont moindres. Le granit, l'ardoise et le marbre font aussi d'excellentes surfaces pour la pâtisserie ; aussi, pensez à en intégrer un petit bloc dans un plan de travail ordinaire.

Pour couper la viande, il vaut mieux choisir des surfaces douces et tendres comme le bois. Choisissez une pièce de bois lamellé-collé, très résistant aux coupures et facile à restaurer même s'il craint la chaleur et doit être régulièrement huilé. Là encore, vous pouvez vous contenter d'une plaque au lieu

ci-dessus *La mosaïque turquoise et ocre sert à la fois de revêtement mural et de crédence dans cette cuisine, apportant une touche de couleur au plan de travail blanc et au sol bicolore.*

ci-contre *La plaque d'acier qui recouvre le plan de travail remonte sur le mur pour former une crédence et habiller la hotte. L'apport d'ustensiles stylés, eux aussi en chrome et en acier, accentue la luminosité et la modernité des lieux.*

d'en revêtir un plan de travail entier. Les bois durs huilés et imperméables sont pratiques pour poser les verres et la porcelaine autour de l'évier. L'acier forme un décor lisse, surtout près d'un évier en inox ; les composites synthétiques, comme le corian et le surell, peuvent être moulés en un seul bloc, comprenant un évier et un plan de travail.

SOLS ROBUSTES

Le sol d'une cuisine doit être facile d'entretien, anti-dérapant et de préférence souple. Outre son aspect esthétique, le bois remplit tous ces critères. Un vieux plancher (en bon état) peut être réhabilité et vernis. Le linoléum, moins onéreux, plus résistant à l'usure, est constitué d'un mélange de matériaux naturels, comme la poudre de liège et l'huile de lin, qui durcit avec l'âge. Il permet plus de fantaisie, se découpe et se pose facilement et peut rappeler certains motifs, ou certaines couleurs, utilisés dans la pièce.

REVUE DE DÉTAIL

Ajoutez une touche de couleur et de style supplémentaire grâce aux appareils électroménagers. Hormis les blancs classiques, on en trouve maintenant de toutes les couleurs et pour tous les goûts. L'acier, l'aluminium et le chrome, brossés ou polis, évoquent les cuisines professionnelles. N'hésitez pas à détourner le verre de son usage habituel.

Options déco

JEUX DE MATIÈRE

Pour plus d'originalité, essayez de mélanger différentes matières. Associez par exemple acier et bois pour un décor à la fois industriel et chaleureux, ou encore verre transparent et ardoise brute.

- Utilisez le bois pour les plans de travail, les plaques à découper et les sols.
- Recouvrez les sols, les murs et les plans de travail de carrelage. Il est décoratif et robuste, bien que ses joints aient tendance à noircir.
- Utilisez le verre pour les étagères, les crédences, les plans de travail.
- Le métal est idéal pour les appareils électroménagers, les façades, les crédences et les plans de travail, ainsi que pour certains détails comme les prises de courant, les poignées et les barres murales. Principal inconvénient, il se marque facilement et perd parfois de son éclat lorsqu'on le nettoie avec une eau trop calcaire.
- Le granit est parfait pour les éviers, les crédences et les plans de travail.
- L'ardoise est idéale pour les plans de travail, les crédences et les sols.
- Le marbre est utilisé pour les sols, les plans de travail et également pour les plaques à pâtisserie. Méfiez-vous du marbre foncé car il craint les substances acides comme le jus de citron qui y laisse des taches blanches.
- Réservez le linoléum aux sols. Disponible en rouleau ou en dalles, il est à la fois moderne, fonctionnel et souple.

Les équipements

Une cuisine judicieusement aménagée peut générer un gain de place conséquent. Éliminez d'abord tous les équipements dont vous n'avez pas vraiment besoin. Puis, pour les indispensables, choisissez des modèles de petite taille et peu encombrants.

Vous aurez probablement du mal à vous restreindre, ce qui est compréhensible, compte tenu du vaste choix proposé. Mais à moins d'avoir l'étoffe d'un grand chef, mieux vaut garder de la place pour les rangements et les plans de travail. Listez vos priorités, le strict minimum pouvant se résumer à un élément de cuisson, plaque ou four à micro-ondes et un réfigérateur.

TAILLE ET ENCOMBREMENT

Les appareils électroménagers mesurent en général 60 cm de large et, à moins de posséder une famille nombreuse, vous n'avez pas forcément besoin du plus gros modèle de la gamme. Certains lave-vaisselle et lave-linge ne font que 45 cm de large et se glissent n'importe où, à condition, là encore, de ne pas avoir une grande maisonnée. Si l'espace est très réduit, pensez aux réfrigérateurs de 55 cm de large ou aux « table top ».

La table de cuisson ne doit pas obligatoirement comprendre quatre foyers. Elle se présente maintenant sous des formes variées pour répondre à tous les besoins. Vous pourrez ainsi choisir un modèle à deux foyers si cela vous suffit, ou tenter l'expérience du foyer unique rectangulaire. De même, si votre

ci-contre *Cet îlot comporte un évier, un lave-vaisselle et un four, cachés par des portes concaves conçues pour occuper le moins d'espace possible. Le dessus sert de plan de travail et le tout est éclairé de l'intérieur, indépendamment du reste de la pièce.*

plan de travail est trop étroit pour accueillir une table de cuisson traditionnelle, optez pour un modèle allongé dont les quatre foyers sont alignés. Si vous n'avez pas suffisamment de surface de travail, achetez une table de cuisson dotée d'un couvercle que vous pourrez rabattre en cas de besoin.

ÉVIERS MALINS

L'évier est le plus basique, mais aussi le plus important des équipements de cuisine. De toutes formes et de toutes tailles, certains sont même conçus pour se glisser dans les angles. Il existe aussi des versions miniatures de timbres d'office, de forme carrée, avec des cuves profondes pour ne pas encombrer le plan de travail. Si vous possédez un lave-vaisselle ou salissez peu de plats, optez pour une petite paillasse. L'évier double est pratique à condition d'avoir suffisamment de place pour l'installer. Dans ce cas, choisissez-le avec une planche à découper adaptable sur la cuve qui constituera ainsi un plan de travail supplémentaire.

COMBINAISONS ASTUCIEUSES

Privilégiez, dans la mesure du possible, les équipements multifonctions. Les lave-linge séchants évitent d'acheter aussi un sèche-linge, et les réfrigérateurs-congélateurs combinés ont généralement une capacité suffisante. Pensez également aux fours combinés associant four à micro-ondes et four à chaleur pulsée. Il existe aussi depuis peu des fours à micro-ondes équipés, sur le flanc, d'un grille-pain, et munis de nombreuses fonctions permettant non seulement de cuire au four et à la vapeur, mais aussi de peser les aliments.

Si vous envisagez l'acquisition d'un four, pensez à vous équiper d'une hotte aspirante pour réduire la condensation et les mauvaises odeurs. C'est d'autant plus indispensable si votre cuisine jouxte ou communique directement avec une autre pièce. La plupart des hottes possèdent un éclairage intégré et certaines combinent même hotte et four à micro-ondes.

ci-contre *Les éviers ronds permettent d'exploiter les endroits difficiles, comme les angles et sont très pratiques à condition de ne pas avoir trop de vaisselle.*

Options déco

GARE AUX GADGETS

- Évitez d'acheter des gadgets et des équipements dont vous n'avez pas vraiment besoin et débarrassez-vous de tous ceux dont vous ne vous servez pas.
- Traquez les doublons parmi vos ustensiles de cuisine. Choisissez les plus pratiques et les plus efficaces, et jetez les autres.
- Ne laissez pas traîner de gadgets sur votre plan de travail, à moins de vous en servir régulièrement. Rangez-les plutôt dans un placard en attendant de les utiliser.

ATOUTS CACHÉS

Si vous manquez de place et souhaitez installer une véritable cuisine dans un séjour, choisissez un modèle miniature comportant tous les équipements indispensables intégrés dans un même bloc, ou dans un placard. Un même îlot peut contenir un évier, un réfrigérateur, une paillasse, une plaque de cuisson, un grill, un four à micro-ondes et même un lave-vaisselle avec des placards installés à hauteur d'yeux. Certains sont aussi équipés d'un four et d'un grand réfrigérateur-congélateur et d'autres sont conçus en triangle pour se glisser dans un coin, derrière des portes pliantes.

Idée déco
en toute simplicité

couleurs

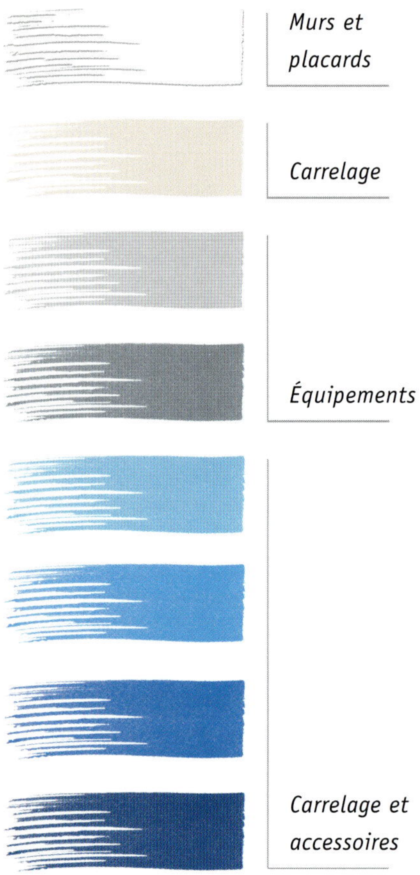

Les meubles intégrés permettent de garder cette cuisine immaculée aussi nette que possible mais aussi de dissimuler le désordre derrière des portes. Les étagères ouvertes placées de part et d'autre du four servent à stocker bouteilles et ingrédients courants.

COMMENT RÉUSSIR

Le plan en « U » de cette cuisine permet d'accéder facilement aux plans de travail et aux trois principaux équipements. La cuisinière est installée au fond, l'évier sur la gauche (sa forme circulaire le rend moins encombrant) et le réfrigérateur derrière une façade lisse, sur la droite.

Il y a suffisamment de place sur le mur du fond pour installer des placards muraux sans étouffer l'ensemble. Ils ne sont pas trop profonds pour ne pas gêner l'ouverture de la fenêtre et pas trop larges, pour que les portes n'envahissent pas la pièce quand elles sont ouvertes.

Les plans de travail, sur deux niveaux, créent une perspective intéressante et ont été pensés en fonction des différents équipements : les plans de travail du coin évier et du coin cuisine sont légèrement plus bas que celui du plan de cuisson. Évitez de placer vos placards trop hauts afin de pouvoir aisément accéder aux étagères supérieures.

Les coins difficilement aménageables, comme les angles, sont équipés d'étagères pivotantes accessibles par les côtés. Les plans de travail, recouverts de petits carrés de faïence, sont robustes, faciles d'entretien, et égaient ce sobre décor.

ÉLÉMENTS CLÉS

PLACARDS BLANCS
Couleur qui, par excellence, offre un sentiment d'espace, le blanc ouvre ce petit volume et donne à cette cuisine un air propre et net.

SURFACES RÉFLÉCHISSANTES
Dotés d'un fort pouvoir réfléchissant, les équipements et les poignées en acier et en chrome soulignent l'aspect épuré, moderne et fonctionnel de la pièce.

PLAN EN « U »
La disposition en « U » facilite l'accès à la cuisinière, à l'évier et au réfrigérateur.

NOMBREUX RANGEMENTS
Pour plus de commodité, la série de rangements bas comprend quelques étagères ouvertes qui permettent également de rompre l'uniformité.

PLACARDS « GAIN DE PLACE »
On a privilégié ici des placards étroits et peu profonds afin d'y stocker un maximum d'éléments sans envahir l'espace.

La chambre est la pièce idéale pour céder à la fantaisie, car c'est un lieu totalement privé qui n'est pas censé devoir plaire aux autres. Vous avez donc carte blanche pour choisir le décor et les couleurs qui vous plaisent, ainsi que les rangements les mieux adaptés à votre garde-robe.

Vous pourrez y créer n'importe quel type d'ambiance. Une atmosphère luxueuse et baroque, avec de riches tissus et de somptueuses matières. Un cadre calme et sophistiqué, marqué par des lignes nettes et élégantes et des couleurs neutres. Ou une décoration simple et rafraîchissante avec des sols et des meubles peints, et des tissus de couleurs vives. L'essentiel est de concevoir une pièce où vous vous sentirez bien, un refuge où vous pourrez vous recentrer et vous reposer.

Mais improviser un îlot de calme dans un petit espace demande une certaine réflexion. Le lit, qui doit allier confort et style, sera l'une de vos priorités. Choisissez un modèle qui s'accorde avec les proportions de la pièce, et laissez les parures de lit souligner un style ou apporter une touche personnelle. Un bon rangement est essentiel pour stocker vos vêtements et parer à tout désordre. L'éclairage, quant à lui, doit être doux et discret pour donner une impression de calme. Exploitez toute la hauteur sous plafond et optez pour des solutions astucieuses, comme un lit surélevé qui dégagera de la place au sol, ou encore un lit-bateau avec rangements intégrés. Pensez également à prévoir un endroit pour entreposer ou dissimuler un lit d'appoint.

6 Chambres à coucher

Organiser l'espace

ci-dessous *Cette penderie ouverte remplace un placard traditionnel. Les étagères latérales mettent à disposition des rangements supplémentaires.*

Pour qu'une chambre incite au repos et soit un véritable havre de paix, elle se doit d'être particulièrement accueillante. Vêtements, livres, chaussures par terre et draps froissés en boule sur le lit sont donc à proscrire.

CRÉER LE CALME

Selon les préceptes du Feng Shui, la chambre doit être réservée au sommeil et donc être débarrassée de tout livre, tout vêtement et bien sûr, tout meuble de travail. Le Feng Shui proscrit notamment la présence de vêtements d'extérieur, supposés perturber la concentration, le calme et le repos.

Cette approche peut sembler un peu extrême, même si son objectif paraît clair. Et lorsque l'espace s'avère limité, il est cependant très important de prévoir un espace de repos confortable.

Il s'agit donc d'envisager des rangements appropriés pour que la pièce ne soit pas envahie de vêtements, de chaussures et autres accessoires. Ne vous encombrez pas nécessairement d'une penderie si la plupart de vos vêtements n'ont pas lieu d'être mis sur cintres. Elle serait remplie de vestes et chemises qui n'occupent que la moitié de la hauteur. Réfléchissez au type de rangement le mieux adapté à votre garde-robe : des étagères, des tiroirs ou des tringles. Organisez ensuite chaque module (voir page 118, pour des idées de rangements et des installations pratiques) afin de pouvoir absolument tout ranger, car dans une chambre, la règle d'or est de ne jamais rien laisser traîner.

Placez de préférence le lit dans un endroit dégagé ; cela vous évitera de l'enjamber pour accéder au placard. Si l'espace est limité, comme sous des combles, placez le lit là où le plafond est le plus bas. Cet endroit, difficile à aménager, convient parfaitement à la position allongée et créer un sous-espace sûr et douillet.

PARAVENTS ET CLOISONS

Pour isoler complètement le lit des rangements ou autres meubles, pensez à installer une cloison. Elle n'a pas besoin d'être immense, l'important étant qu'elle forme une sorte de tête de lit haute et indépendante, au centre de la pièce, et à quelques pas du mur. L'espace ainsi dégagé peut être aménagé en dressing. Bien qu'il réduise considérablement la surface au sol, ce système de cloison agrandit la pièce, car il permet de supprimer tous les autres meubles. Si vous n'avez pas envie d'installer une cloison fixe, un grand paravent fera l'affaire.

Si la chambre communique avec la salle de bains, pourquoi ne pas rassembler les deux pièces et redistribuer l'espace avec une nouvelle cloison ? Cela vous permettra peut-être de récupérer de la place occupée inutilement par un couloir ou une entrée et – luxe suprême – d'avoir une baignoire dans votre chambre.

PROPORTION ET ÉCHELLE

Pour créer une atmosphère claire et lumineuse, équipez votre chambre de petits meubles aux lignes simples. Plutôt qu'une coiffeuse, choisissez une étroite console, comme celles utilisées dans les entrées, qui prendra moins de place. Quant aux tables de chevet, il suffit qu'elles puissent accueillir une lampe, un réveil et éventuellement quelques livres. Dans certains cas, il vaut mieux d'ailleurs les remplacer par deux petites tables ou même deux tabourets, moins massifs, de part et d'autre du lit.

Le seul élément qui, dans une chambre à coucher, peut se permettre d'occuper une large place, c'est un miroir. Il doit être le plus grand possible pour se voir de la tête aux pieds, et surtout éclairer et agrandir la pièce. Ne cherchez pas à le fixer : un immense miroir posé négligemment contre le mur fait merveilleusement bohème, et donne l'impression de contrôler l'espace au lieu de le subir.

Options déco

HARO SUR LE DÉSORDRE

- Ne laissez pas traîner vos vêtements de la journée, placez-les dans une panière ou un sac à linge sale.
- Débarrassez-vous des vêtements qui ne vous vont plus, que vous regrettez d'avoir achetés, qui sont trop usés ou trop abîmés pour être portés, ou encore qui sont démodés (vous pouvez en conserver un ou deux pour les fêtes costumées, mais pas davantage). Ne les gardez pas sous prétexte qu'il faut les rentabiliser. Soyez philosophe, et arrêtez de vous culpabiliser chaque fois que vous les voyez.
- N'entassez pas les livres et les magazines au pied de votre lit. Jetez-les, archivez-les ou empilez-les sur une étagère.

ci-contre *Dans cet appartement décloisonné, le paravent ondulé, au premier plan, sépare élégamment la chambre du séjour.*

ci-contre à droite *La superposition de draps immaculés, d'épaisses couvertures et de coussins crée un décor calme et voluptueux qui fait de cette chambre une véritable oasis de calme.*

Couleurs et matières

La couleur est cruciale dans une chambre. Il faut choisir des tons doux et relaxants pour la nuit, ou rafraîchissants et agréables à la lumière naturelle si vous l'utilisez aussi dans la journée.

Les bleus pâles, les verts et les mauves sont frais et apaisants. Les roses et les jaunes sont plus chauds. Les crèmes et les blancs sont par nature calmes et élégants. Utilisées dans une chambre, ces teintes agrandissent l'espace. Mais une chambre n'a pas obligatoirement besoin de paraître plus grande, les petites pièces étant souvent plus douillettes et plus confortables. Si vous désirez accentuer cet effet enveloppant, optez pour des tons lumineux, riches ou profonds et des couleurs plus fortes.

JEU DES MATIÈRES

Dans une chambre, les tissus sont naturellement très présents et permettent de jouer avec les couleurs – en combinant plusieurs tons –, mais aussi avec les contrastes et les matières pour un effet riche et sensuel. Les draps en lin blanc ou en coton sont simples et classiques. Ils peuvent être ornés, si vous le désirez, de broderies ou de jacquards discrets. Les crèmes et les blancs sont toujours aussi complémentaires tandis que les vichys, les

ÉCLAIRAGE SUBTIL

L'éclairage doit être doux et discret car, dans une chambre, le maître mot est « confort ». Installez des variateurs pour régler l'éclairage à votre convenance. Disposez plusieurs petites lampes et éclairez les endroits stratégiques, comme le coin lecture ou maquillage. Si vous avez un dressing, équipez-le d'une source de lumière indépendante (spécialement conçue à cet effet) qui permettra d'accéder plus facilement à son contenu.

ci-dessous *Le blanc uni est toujours apaisant. Dans cette chambre minimaliste où tout est impeccablement dissimulé derrière des portes closes, cette couleur génère une ambiance zen.*

ci-dessus *L'association du blanc et du parme forme un cadre calme et romantique dans cette chambre. Le mélange des styles contemporain et traditionnel met en valeur la luminosité exceptionnelle de cette chambre.*

chambrais et les couleurs unies se mélangent agréablement. Les draps unis couleur café, pierre ou gris créent une ambiance dépouillée et sophistiquée, particulièrement adaptée aux décors contemporains.

De nos jours, les couettes ont largement supplanté draps et couvertures et ont ainsi révolutionné l'aspect des chambres modernes avec leurs lits couverts de tissus unis négligemment tirés. Mais le grand retour des parures traditionnelles, appréciées des créateurs pour leurs lignes élégantes, permet de redécouvrir le plaisir des lits bien faits. L'association de draps blancs et de couvertures en laine grise est chic, mais discrète, et dans une petite chambre offre un spectacle beaucoup plus avenant qu'une couette. Si vous aspirez à davantage de luxe (et souhaitez oublier l'exiguïté de votre chambre), associez les tissus et les matières contrastés. Combinez, par exemple, l'élégant jeté d'une grosse couverture en laine avec un édredon en soie, surmonté d'une pile de coussins et d'oreillers de différentes tailles.

SOL CONFORTABLE

Recouvrez entièrement le sol d'une moquette de couleur neutre ou d'un revêtement en fibres naturelles, en coton, en lin, en laine ou en jute pour un contact doux et chaud. Vous pouvez préférer un plancher, lasuré de blanc par exemple, pour un effet simple, net et pratique. La pièce se trouvera ainsi agrandie mais aussi fonctionnelle et confortable, deux critères essentiels.

LUMIÈRE NATURELLE

Pour éviter que votre chambre ne semble trop confinée du fait de l'accumulation des tissus, prévoyez quelques surfaces réfléchissantes pour accrocher la lumière et égayer l'ensemble. Les miroirs sont parfaits, mais pensez aussi aux draps en soie et en satin. Ajoutez des éléments métalliques : petits meubles, lampes, cadres ou même un lustre en verre dont les perles étincelleront à la lumière.

Égayez un pan de mur en recouvrant les plinthes ou les placards d'une couche de peinture satinée. N'hésitez pas à habiller un mur ou un manteau de cheminée de lambris coloré pour personnaliser davantage la pièce.

FENÊTRES APAISANTES

Choisissez des rideaux ou des stores assortis aux murs de votre chambre pour ne pas avoir un effet de blocs de couleurs ou de motifs, à la place des fenêtres. Les rideaux y étant plus souvent tirés que dans les autres pièces, évitez les modèles spectaculaires qui encadrent superbement les fenêtres quand ils sont ouverts, mais qui sont beaucoup trop oppressants une fois fermés. Pour plus de sérénité, décorez votre chambre à partir d'une seule couleur.

Le lit : styles et formes

ci-dessous *La cloison contre laquelle est appuyé ce convertible sert à la fois de tête de lit et de séparation entre la chambre et une salle de bains au style minimaliste.*

Un lit peut à lui seul personnaliser une chambre. Vous pouvez choisir de dominer l'espace avec un lit imposant ou au contraire vous fondre dans le décor, avec un modèle plus discret. Son confort est bien sûr capital, mais c'est son style qui fera toute la différence et contribuera à caractériser l'atmosphère et le style de votre chambre.

Plus un lit est simple, plus il parait petit. Si vous désirez préserver le volume ou installer d'autres meubles comme un bureau ou une coiffeuse, prenez un lit sobre et peu encombrant, c'est-à-dire sans tête ni pied de lit. Ce style de lit permet également d'apporter une touche discrète, sans trop envahir l'espace. Les lits basiques en métal proposent une alternative intéressante aux lits d'autrefois. Dans ce cas, choisissez de préférence du métal peint ou brossé, plus discret et plus contemporain que le métal poli.

Bon nombre de lits aux styles et formes variées sont en bois. Le bois est plus doux et plus chaud que le métal tout en restant pratique. Évitez les pins vernis souvent trop brillants et trop agressifs pour une chambre, et bannissez sculptures, colonnes et autres moulures qui trancheraient trop avec un décor moderne. Optez pour un modèle aux lignes droites et épurées, en bois clair et naturel.

OSER LE BAROQUE

Il est parfois amusant de laisser libre cours à son imagination et de se livrer à quelques excès stylistiques à condition que ce soit dans une pièce à usage strictement personnel, comme c'est le cas pour une chambre à coucher. Les lits à rouleaux dont les extrémités se relèvent en courbe sont classiques et cadrent mal avec une décoration contemporaine. En outre, leur couleur, souvent foncée, ne convient guère aux petites pièces bien qu'il soit toujours possible de les recouvrir d'une peinture claire pour les faire paraître plus petits et plus compacts.

Le métal est chic et romantique et s'intègre très bien dans une petite surface à condition que le cadre soit fin et légèrement coloré. Pensez également aux revêtements

Options déco

CHOISIR LE BON LIT

- Essayez toujours votre lit avant de l'acheter pour vérifier le confort du matelas.
- Prenez le plus de mesures possible, notamment la dimension des portes et des escaliers pour être sûr de pouvoir l'introduire dans votre chambre.
- Si l'accès à votre chambre est trop étroit, prenez un lit qui se plie en deux ou qui se compose de deux parties juxtaposables.
- Mesurez la place que prendra votre lit dans la chambre, pour vous rendre compte de l'effet qu'il fera et vous assurer qu'il ne bloquera pas le passage. Si, malgré tout, il est trop encombrant, optez pour un modèle plus petit qui respectera les proportions de la pièce.

de cuir que l'on commence à trouver sur certains modèles. En plus d'être confortables, les têtes de lits en cuir lisse et mat sont à la fois simples et luxueuses et s'accordent tout à fait à un environnement design.

Si vous aimez les ornements et désirez transformer votre chambre en un nid douillet, recouvrez votre lit d'étoffes. Les voiles de mousseline blanche créent une atmosphère poétique sans être trop envahissants. Le plus simple est d'accrocher une moustiquaire au plafond, mais pour un décor plus théâtral ou pour séparer le lit du reste de la pièce, vous pouvez installer un baldaquin épuré, sans les fioritures et les lourds voilages d'antan. Choisissez une structure en métal ou en bois simple et revêtissez-la de rideaux en mousseline pour créer un décor romantique.

ci-dessus *Le cadre en bois massif sur lequel repose ce lit est pourvu de grands tiroirs et prolongé d'une tête de lit servant également d'étagère.*

LITS RANGEMENTS

Si vous manquez d'espace de rangement, un lit bateau, avec tiroirs, s'avérera très pratique pour stocker draps, couvertures ou vêtements qui n'ont pas besoin d'être suspendus (pulls, tee-shirts...) Vous pouvez également choisir un modèle de lit assez haut et y glisser dessous quelques bacs de rangement montés sur roulettes.

Couchage d'appoint

Un système de couchage escamotable peut aisément transformer un débarras ou un bureau en chambre d'appoint. C'est également une solution idéale pour un studio qui, véritable pièce à vivre tout au long de la journée, se transforme en chambre à coucher le soir venu.

Les fabricants proposent une vaste gamme de couchages d'appoint très astucieux. Les canapés-lits qui alternent position assise et allongée sont les plus pratiques (choisissez un modèle équipé d'un bon matelas s'il doit servir souvent) ; les futons posés sur une structure en bois qui font à la fois office de banquette et de lit, pour une ou deux personnes, rendent également de grands services. Pensez aussi aux canapés clics-clacs, aux banquettes style chauffeuse qui prennent peu de place ainsi qu'aux matelas qui se rangent facilement dans une boîte ou dans un sac.

LITS ESCAMOTABLES

Pour un studio, un lit escamotable qui se rabat contre un mur et disparaît derrière une façade est parfait. Certains sont équipés de matelas de bonne qualité, douillet et suffisamment robuste pour y dormir toutes les nuits ; leur profondeur permet même de laisser les draps et les couvertures en place. Il suffit de tirer sur la façade pour que le lit

FRÉQUENCE D'UTILISATION

Lorsque vous choisissez ou concevez un couchage d'appoint, réfléchissez à son usage. Pour une utilisation régulière, choisissez un mécanisme simple et un matelas confortable. Si vous vous en servez peu, optez pour un matelas fin d'accès plus délicat.

page ci-contre *Le haut de cet ingénieux podium se déplie pour dévoiler un lit spacieux. Les barreaux fixés sur le côté permettent d'y accéder, sans encombrer la pièce.*

à droite *L'intérieur du podium est équipé de nombreux rangements comprenant une penderie et des étagères. Les portes du placard coulissent latéralement pour prendre le moins de place possible.*

apparaisse, prêt à l'emploi. Au lieu de l'installer à la verticale, placez-le à l'horizontale pour que son cadre fasse office d'étagère.

LITS MI-HAUTS ET MEZZANINES

Pour combiner couchage et rangement, ou espace bureau, mieux vaut raisonner à la verticale et installer le lit en hauteur pour dégager le sol.

Si le rangement est votre priorité, installez le lit sur une structure dans laquelle vous aménagerez des placards profonds, une petite penderie ou des tiroirs. Placez une échelle sur l'un des côtés pour accéder au lit sans obstruer l'ouverture des tiroirs et des portes de placard.

Si vous disposez d'une bonne hauteur sous plafond, vous pouvez hisser le lit sur une mezzanine, et dégager ainsi entièrement le volume en dessous. Avec un peu de chance, vous aurez la place de l'installer suffisamment haut pour pouvoir tenir debout au niveau inférieur.

Sinon, contentez-vous d'installer un bureau ou un canapé au-dessous. La mezzanine est une variante du lit superposé (souvenez-vous du plaisir que vous aviez à grimper dans votre lit quand vous étiez enfant), et si vous réussissez à mettre un lit d'appoint ou un canapé-lit en dessous, vous aurez, comme alors, deux lits en un.

Vous pouvez installer une mezzanine à n'importe quel endroit du moment qu'il y a suffisamment de hauteur sous plafond. Elles ne sont donc pas exclusivement réservées aux chambres. Certaines cuisines en couloir sont très hautes de plafond. Alors pensez à y aménager un faux plafond et glissez-y un lit d'appoint.

De même, si votre salle de bains est exceptionnellement haute, aménagez un espace couchage dans un faux plafond, accessible par une échelle installée sur le palier ou dans une pièce voisine.

CONSTRUIRE UNE MEZZANINE

Confiez ce genre d'ouvrage à un professionnel, car la construction doit être suffisamment robuste pour accueillir deux dormeurs ; elle devra également être munie d'une échelle stable. Vous souhaiterez peut-être aussi installer un garde-corps afin de pouvoir vous tenir debout (si la hauteur sous plafond le permet).

Les rangements

Une chambre nécessite de nombreux rangements pour les vêtements, mais aussi les accessoires, les articles de toilettes, les produits de beauté... Et à moins d'être un adepte inconditionnel du Feng Shui, il faut également prévoir des endroits où ranger livres et magazines. Inspirez-vous de nos conseils pour les rangements dans les séjours (voir page 82) et faites une sélection entre ce que vous souhaitez exposer et ce qui doit être dissimulé. Déterminez ensuite quelle quantité d'objets pourront être ainsi mis en valeur, et surtout quelle capacité de rangement vous devez prévoir.

SYSTÈME SUR MESURE

Comme pour les séjours, les rangements clos permettent de lutter contre le désordre et là encore, mieux vaut les concevoir en fonction de ce que vous voulez y entreposer, exactement comme pour une cuisine. Les fabricants de placards sur mesure sont devenus des experts en la matière, et vous aurez tout à gagner à leur rendre visite, ne serait-ce que pour admirer leurs gadgets et astuces « gain de la place ». À une penderie unique, préférez plusieurs modules fermés par des portes, adaptés à vos besoins et équipés de multiples options intérieures.

Dans un premier temps, isolez les vêtements qui doivent être suspendus et séparez les longs des courts. Les robes, les manteaux

ci-contre *Le mariage sophistiqué des coloris crème et chocolat crée une atmosphère calme et reposante, accentuée par les simples étagères fixées aux murs unis et sur lesquelles s'exposent quelques rares objets. Tout le reste est rangé dans de grands tiroirs, sous le lit.*

ci-contre *Calme ne rime pas forcément avec ennui. Ces placards lisses, d'inspiration chinoise, comportent une niche occultée par un miroir coulissant dans laquelle se trouve un téléviseur que l'on peut regarder du lit.*

et les jupes longues devant être accrochés à des tringles hautes, il faudra leur consacrer une penderie entière. Les chemises, les pantalons, les jupes et les vestes se contentant d'une demi-hauteur, profitez-en pour fixer deux tringles dans le même module et composer une penderie double, ou encore pour rajouter d'autres sortes de rangements.

Aménagez le reste du dressing avec des étagères et des tiroirs de différentes tailles et de différentes profondeurs. Prévoyez des tiroirs très profonds pour les pulls, et des plus petits pour les sous-vêtements et les chaussettes. Préférez les modèles transparents, en fil métallique ou en plastique, qui affichent leur contenu. Placez les vêtements dont vous ne vous servez pas souvent sur des étagères hautes. Pour un rangement efficace, exploitez aussi les options spécifiques comme les porte-cravates qui se fixent à l'intérieur des portes, les casiers de tiroir qui séparent les chaussettes, et les étagères à chaussures qui se fixent au fond des placards. Pensez également aux range-chaussures, des cubes compartimentés qui accueillent les chaussures paire par paire. Installez plusieurs étagères profondes, et garnissez-les de boîtes et de paniers en guise de tiroirs (voir page 120, pour plus d'idées).

PORTES « GAIN DE PLACE »

Si votre chambre est petite, ne l'encombrez pas avec des portes de placards. Préférez les portes coulissantes aux portes battantes qui s'ouvrent vers l'extérieur. Si la place fait cruellement défaut, optez pour des portes miroirs qui refléteront la lumière et sembleront ainsi agrandir la pièce.

Options déco

PLACARDS « À DOUBLE FOND »

- Si vous possédez deux chambres séparées par une cloison, vous pouvez constituer un rangement commun en remplaçant la cloison par deux placards particulièrement profonds. Placé côte à côte, mais dans des directions opposées à la manière d'une causeuse, ils sépareront les deux chambres à la manière d'un mur traditionnel et offriront un vaste rangement à chaque pièce.
- Avec ce système, vous avez également la possibilité de créer un placard commun accessible des deux chambres. Laissez le module d'une des extrémités complètement libre de tout élément, et fixez à cet endroit une porte de chaque côté de façon à pouvoir passer d'une pièce à l'autre. Cet espace peut ensuite être équipé d'une tringle dans toute la longueur pour réaliser une immense penderie.

Idées de rangement

Il existe une foule d'idées pour débarrasser votre chambre de tout ce qui l'encombre, et la transformer en un véritable havre de paix.

Installez par exemple une commode avec de grands tiroirs spécialement conçus pour le rangement des pulls ainsi que des bacs à roulettes qui peuvent se glisser n'importe où. Vous pouvez également détourner un classeur de bureau rénové d'une couche de vernis ou de peinture.

Placez vos draps et vos gros pulls dans de grandes panières à linge, ou dans des boîtes en bois qui serviront de table ou de siège d'appoint. Empilez par ordre décroissant des paniers en osier ou des vieilles valises en cuir contenant des vêtements hors saison ou peu utilisés pour orner une alcôve ou un coin de la pièce.

Les petites boîtes sont très pratiques pour de petits articles tels que les écharpes, les

à gauche *Les malles et les valises empilées contre un mur constituent d'excellents rangements pour les vêtements infroissables ou hors saison. Dans cette chambre, elles sont placées dans un petit recoin, entre le placard à portes coulissantes et la fenêtre.*

page ci-contre
Cette penderie expose un aménagement rigoureux. Les plus longs vêtements sont suspendus sur une tringle placée en hauteur. Les pulls et les tee-shirts sont posés sur des étagères. Quant aux boîtes placées en hauteur, elles contiennent gants, écharpes et foulards.

gants, les sous-vêtements, les ceintures et les bijoux. Placez de jolies boîtes à chapeaux sur une commode ou sur le rebord d'une cheminée inutilisée. Plus simple encore, recouvrez des boîtes à chaussures de tissus ou de papier pour les recycler, et glissez-les sous le lit, en haut d'un placard ou encore sur des étagères.

RECYCLER

Amusez-vous à détourner quelques meubles de leur fonction originale. Rangez, par exemple, des accessoires dans une armoire à pharmacie ou un meuble à épices muni de petits tiroirs.

Certaines papeteries proposent toutes sortes de petits rangements, inspirés des meubles de bureau, très pratiques pour les bijoux, les barrettes et autres menus objets. Installez des bacs à légumes dans vos placards pour accueillir vos pulls ou fixez des petits paniers (ou tout autres contenants à bord plat) à l'intérieur d'une porte.

CRÉER

Si vous souhaitez bénéficier d'espaces de rangement supplémentaires, achetez un portant à roulettes comme ceux utilisés chez les commerçants. Et suspendez temporairement une penderie en tissu, fermée par une fermeture éclair ou des liens, qui se replie et se range quand elle ne sert pas.

Les rangements suspendus ont l'avantage de ne pas encombrer le sol. Il existe des modèles à poches qui se fixent dans un placard ou sur une porte pour ranger les chaussures, les chaussettes et les sous-vêtements. Fixez une patère ou plusieurs portemanteaux sur un mur, comme dans un vestiaire d'école, et accrochez-y ceintures, écharpes et chapeaux, ou encore quelques sacs en tissu contenant du linge ou des accessoires.

EXPOSER

Osez les étagères ouvertes que vous utiliserez pour exposer vos tee-shirts et vos pulls par couleur, comme dans une boutique. Cette mise en scène nécessite par contre de les plier soigneusement et de faire régulièrement le ménage et la chasse aux mites qui adorent se loger dans ce genre d'endroit.

Options déco

TÊTES DE LIT ASTUCIEUSES

- Créez votre propre tête de lit avec un large rebord, en fabriquant un petit placard en bois semi-dur que vous fixerez au mur, derrière le sommier.
- Confectionnez un coffre de 15 cm de profondeur, d'1 mètre de hauteur et d'une largeur légèrement plus grande que le lit. Prévoyez des ouvertures de chaque côté pour y glisser des objets plats comme des posters, des dessins ou des documents.
- En plus d'un rangement, il fera aussi office d'étagère pour poser des livres, des photos, un réveil et une lampe. Vous pourrez ainsi vous passer de table de chevet, si vous manquez sérieusement de place.

RANGEMENT SUR MESURE

Suspendez impérativement votre manteau sur un gros cintre pour qu'il ne se déforme pas. ne le pendez pas par l'attache du cou car cela tire sur le tissu et casse la ligne du vêtement. L'idéal est de le mettre sur un mannequin de couturière trônant, telle une statue, dans la chambre est une idée à la fois pratique pour supporter un vêtement lourd, notamment un manteau, mais aussi originale et décorative. Les modèles anciens en bois ou en osier sont parfois difficiles à trouver. Optez alors pour modèle en tissu, ou un mannequin de vitrine en plastique ou en plexiglas.

Idée déco chambre spacieuse

Couleurs

Murs

Parure de lit

Meubles en métal

Boiseries

Détails et accessoires

L'ameublement joue un rôle crucial dans l'aménagement d'une pièce qui peut vite se retrouver encombrée d'objets inutiles. Ici, grâce aux structures métalliques lisses et aux rangements ouverts, cette chambre évite cet écueil et semble particulièrement spacieuse.

COMMENT RÉUSSIR

Les meubles ont tous des formes simples comme le lit métallique, doté d'une tête et d'un pied basiques, ou encore les grosses étagères en bois suspendues aux murs comme par magie. L'ensemble bénéficie ainsi d'une atmosphère moderne et spacieuse, et quelques gros meubles (le lit double et le bureau) s'incorporent aisément sans paraître étouffants.

Grâce aux couleurs employées, cette chambre semble plus accueillante et plus chaleureuse. Frais et apaisants, le bleu et le vert pâles ouvrent l'espace et accrochent la lumière. Ils s'harmonisent parfaitement : le bleu rehausse le vert qui, utilisé seul, aurait pu paraître un peu sévère ; le côté « nature » du vert réchauffe le bleu et crée un cadre tendre, sans être trop romantique.

Les stores et les peintures d'un blanc éclatant font ressortir les tons pastel, et la parure de lit, avec sa discrète association de motifs, apporte un détail graphique supplémentaire. Les délicates fleurs pastel de la couette se marient parfaitement aux rayures colorées des taies qui contrastent elles-mêmes avec les gros oreillers blancs.

Ce mélange très équilibré de couleurs douces et de surfaces modernes forme un ravissant décor, résolument contemporain.

ÉLÉMENTS CLÉS

BLEUS ET VERTS PÂLES

Un choix de couleurs léger, frais et lumineux crée une atmosphère douce et paisible.

SURFACES RÉFLÉCHISSANTES

Le mobilier, les lampes et autres accessoires en métal rehaussent l'impression de fraîcheur tout en accrochant la lumière.

BOIS PÂLE

Les étagères et le bureau sont d'un bois clair et légèrement rosé qui se fond dans le décor pastel de la chambre au lieu de s'en démarquer.

FORMES MODERNES ET SOBRES

Les meubles aux lignes épurées et les larges étagères apportent à l'ensemble élégance, modernité et sobriété.

STORES À ENROULEUR BLANCS

Les stores qui ourlent les fenêtres permettent de s'abriter des regards et savent rester discrets sans assombrir la pièce, ce qui ne serait pas le cas de rideaux fantaisie.

Idée déco
chambre douillette

Cette chambre douillette et confortable propose une gamme de coloris inattendue et spectaculaire. De riches tons de rouges et de bruns se substituent ici aux traditionnels décors frais et pâles. Une atmosphère au charme quelque peu désuet mais particulièrement reposant.

COMMENT RÉUSSIR

Réservé à une chambre à coucher, ce décor élégant se mariera parfaitement à un intérieur contemporain. Le lit glissé dans une alcôve au plafond voûté évoque volontiers un écrin un peu précieux, rehaussé par la blancheur des plafonds. L'élément clé est ici la couleur profonde qui réduit les petits espaces au lieu de les agrandir. Toutes les couleurs riches sont enveloppantes et protectrices, mais les rouges chauds, les dorés et les oranges sont les plus spectaculaires.

La parure de lit, d'un blanc éclatant, est d'un classicisme intemporel qui s'harmonise à l'aspect désuet de l'ensemble, tempéré toutefois par un cache-sommier gris anthracite au style résolument moderne.

Ce décor faussement baroque est renforcé par la présence de bois foncé, comme du noyer et de l'acajou (remplaçant hêtre et frêne) et d'objets décoratifs dorés comme les lampes et les miroirs (détrônant les chromes et les aciers contemporains). Habillé d'une épaisse moquette pour plus de confort et une meilleure isolation acoustique, le résultat est chaleureux, accueillant, et incite au repos.

ÉLÉMENTS CLÉS

MURS ROUGE SOMBRE
La décoration chaleureuse et théâtrale clôt l'espace pour plus d'intimité.

ALCÔVE
Le lit a été placé dans l'alcôve pour renforcer l'effet de niche. C'est aussi un excellent moyen d'exploiter ce genre de fantaisie architecturale.

LINGE BLANC
Le blanc uni est un choix sûr, quel que soit le style de la chambre. Sa couleur éclatante dynamise les décors anciens.

ACCESSOIRES DORÉS
Dispersés ça et là, ils apportent une touche d'opulence et enrichissent la palette de couleurs. Pensez à égayer un mur uni avec des objets (cadres, miroirs...) dorés avec de l'or en feuilles ou de l'or liquide disponibles dans les magasins de loisirs créatifs.

MEUBLES EN BOIS CIRÉ
Ils reflètent les tons riches des murs et accrochent la lumière. Laissez-vous tenter par le merisier qui a un aspect chaud et lumineux, ou par le cuir pleine fleur, couleur café.

Couleurs

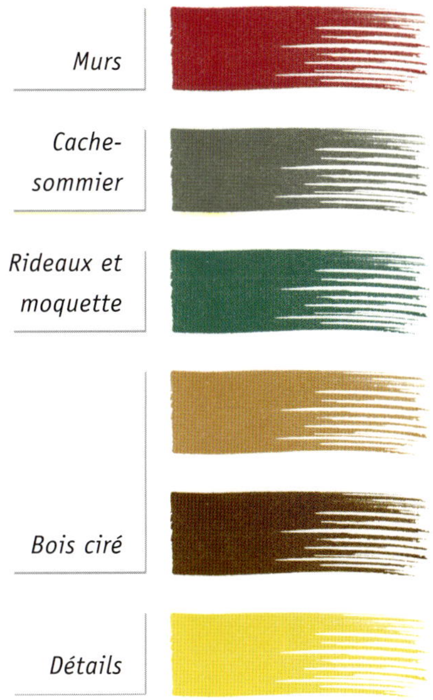

Indispensable pour certains, sans intérêt pour d'autres, la décoration de la salle de bains peut se révéler difficile à réaliser. Généralement de petite taille, sans fenêtres et encombrée de tuyaux, la salle de bains est souvent sommairement décorée ou négligée, par manque de courage et d'idées. Si vous avez déjà un projet bien défini en tête, mais ne savez pas comment le concrétiser, ou si l'espace vous semble trop exigu pour le mener à bien, n'hésitez pas à vous faire aider par un professionnel.

Il faut peut-être y prévoir un lave-linge si vous n'avez pas la place de le mettre ailleurs, ou modifier et rénover l'installation des équipements sanitaires ; autant de travaux délicats qu'il n'est guère simple de gérer seul.

Meubles et équipement contemporains facilitent aujourd'hui l'aménagement des salles de bains : les formes et les tailles des baignoires sont beaucoup plus variées que par le passé, les nouvelles vasques sont épurées, parfois même semi-transparentes et se fondent dans le décor, les rangements rivalisent d'ingéniosité. Ainsi, en changeant ou modifiant les équipements, vous optimiserez l'espace, ce qui agrandira l'ensemble et vous permettra même de céder quelques précieux centimètres aux pièces voisines.

7 Salles de bains

Priorités

ci-dessous *Le carrelage et la baignoire blanche agrandissent cette minuscule salle de bains surplombée de panneaux vitrés. La douche se cache derrière une porte en verre dépoli.*

Depuis que les salles de bains font partie intégrante des maisons, elles doivent être non seulement fonctionnelles, mais aussi (et surtout) confortables et esthétiques, voire luxueuses.

Après une rude journée de travail, vous avez sans doute besoin de vous retirer au calme, et si vous faites partie de la frange toujours plus importante des célibataires, vous avez la chance de pouvoir y passer le temps que vous voulez sans avoir à négocier avec le reste de la maisonnée.

Les architectes tiennent compte de cette évolution des mœurs et accordent aujourd'hui beaucoup plus d'attention à la taille et à l'aménagement de la salle de bains, quitte à ajouter une seconde baignoire, une douche ou un cabinet de toilettes privé. Vous n'aurez probablement pas cette flexibilité si vous réaménagez une ancienne salle de bains, mais le principe reste le même : concevez-la en fonction de votre mode de vie.

LISTER LES OPTIONS

Une salle de bains ne doit pas obligatoirement comporter une gigantesque baignoire, une cabine de douche, une vasque, des toilettes et un bidet. Ce genre d'installation luxueuse convient à un grand hôtel, où la salle de bains est presque aussi vaste que la chambre, mais elle est bien inutile si vous préférez la douche au bain, ou vice-versa, si vous disposez de toilettes séparées ou si votre bidet ne vous sert qu'à laver vos chaussettes.

En vous passant de baignoire et de bidet, vous aurez la place d'installer une belle cabine d'hydromassage, un grand placard ou un coin laverie. Si au contraire vous n'envisagez pas de vivre sans baignoire, choisissez-la impérativement en fonction de son confort (voir page 132 pour plus d'informations) et n'hésitez pas à sacrifier le bidet ou un placard pour libérer de la place.

QUEL DEGRÉ D'INTIMITÉ ?

L'un des critères essentiels en ce qui concerne l'aménagement d'une salle de bains reste la question de l'intimité. Si vous êtes célibataire, vous pouvez envisager qu'elle ouvre directement sur la chambre. Et si vous avez la place de transformer votre chambre en un « temple des délices », installez une baignoire ancienne à quelques pas de votre lit. Si vous n'habitez pas seul, il faudra par contre prévoir des portes et des cabines de douches fermées et bien réfléchir aux emplacements et aux accès de chaque installation. Si certains des murs de votre salle de bains sont nus, percez des ouvertures pour la faire communiquer avec d'autres pièces.

Dans toutes les salles de bains, y compris les décloisonnées, il est utile de créer des sous-espaces pour pouvoir, par exemple, se laver les mains sans avoir une vue directe sur la douche ou les toilettes. Montez par exemple des cloisons en carrelage ou en briques de verre, ou posez des plaques de verre dépoli ou sablé pour séparer la douche du reste de la pièce, sans l'enfermer dans une cabine. Profitez-en pour rajouter des tuyaux, si nécessaire. En prolongeant ainsi les canalisations, vous pourrez fixer des toilettes ou une vasque sur la cloison et libérer d'autres endroits. Pour une note orientale, fixez un store en bambou au plafond et déroulez-le quand vous souhaitez vous isoler.

Options déco

PLAN ANTI-DÉSORDRE

- Les salles de bains étant souvent de petite taille, il est indispensable de bien ranger vos affaires. Qu'ils soient sobres ou précieux, dissimulez les objets inutiles pour ne pas encombrer l'espace et en rompre l'harmonie.
- Prévoyez toutes sortes de rangements, qu'ils soient sous forme de meubles intégrés ou de jolies boîtes.
- Faites la chasse aux équipements et aux accessoires inutiles.
- Remisez les articles de toilette neufs en attendant de finir les autres.
- Jetez vos vieux produits de toilette ou ceux que vous n'utilisez jamais car il y a peu de chances que vous vous en serviez un jour. De toute façon, ils se détériorent avec le temps. Il est donc préférable de faire le tri tous les six mois.

ci-contre *Les murs bleus créent un cadre frais et léger. Le demi-mur qui sépare la douche du reste de la pièce, et la baignoire peu encombrante, exploitent au mieux ce petit volume, sans trop le saturer. Un miroir circulaire fait écho à l'œil-de-bœuf.*

Aménagement

Contrairement aux séjours ou aux chambres où les meubles sur pieds se repositionnent à loisir, les salles de bains ne se transforment pas facilement. Il est donc primordial de bien concevoir l'aménagement initial. Pour donner une seconde jeunesse à une salle de bains existante, il vous suffira alors de renouveler les accessoires.

ÉLABORATION

Faites un plan sur du papier quadrillé (voir page 16) et positionnez les équipements jusqu'à ce que vous soyez satisfait du résultat. Étudiez les différents modèles de baignoires proposés dans ce chapitre pour vous faire une idée des tailles et des formes disponibles, y compris celles spécialement conçues pour les angles et autres recoins difficiles.

N'installez pas systématiquement la baignoire contre le mur principal. Préférez un modèle moins spacieux que vous poserez contre un petit mur. Pensez aussi à disposer la baignoire sous une fenêtre (ce qui n'est pas toujours possible pour une vasque ou des toilettes) ou contre une sous-pente (qui ne permet pas de se tenir debout, mais convient parfaitement à la station allongée).

N'hésitez pas à changer les portes et les fenêtres de place si nécessaire. Une porte d'angle permet d'avoir une plus grande surface murale. Et si votre salle de bains se trouve sous les combles, vous gagnerez de l'espace en condamnant une fenêtre pour installer une tabatière.

Si vos murs ne sont pas assez larges pour recevoir des radiateurs, il existe des radiateurs-plinthes qui s'encastrent sous les meubles intégrés. Dégagez le plus possible les sols et les autres surfaces en optant pour des meubles et des équipements qui se fixent au mur, et des accessoires « gain de place » comme des porte-savons muraux.

ci-contre *Dans cette salle de bains originale, la baignoire a été placée en épi dans un coin et les robinets dans une colonne séparée. Les courbes épurées et les minuscules carreaux conviennent parfaitement à ce petit espace sobre et raffiné.*

page ci-contre *Toutes les installations ont été fixées au mur pour dégager le sol. Un simple panneau de verre isole la douche, et le grand radiateur mural permet de ranger les serviettes.*

CHOIX DU MOBILIER

Comme la cuisine, la salle de bains peut accueillir des meubles intégrés, des caissons aux lignes épurées dissimulant les différents équipements et créant des espaces de rangement. Les meubles sur mesure allant du sol au plafond, avec une ou deux séries d'étagères ouvertes, sont simples et stylés bien que relativement coûteux. Pensez aussi à installer des modules individuels autour de chaque équipement. Les vasques peuvent être notamment équipées de toutes sortes de rangements qui en font de véritables coiffeuses, avec une surface plane accueillant les produits de toilette et des rangements bas soigneusement cachés par des portes.

Si votre salle de bains dispose de niches et de recoins, profitez-en. Vous pouvez par exemple y placer des toilettes ou une vasque, avec une série d'étagères où vous rangerez serviettes et produits de beauté.

ENCOMBREMENT DES PORTES

Vérifiez l'encombrement des portes lorsqu'elles sont ouvertes et pensez à inverser leur sens d'ouverture pour gagner de la place si besoin. Une autre solution consiste à les remplacer par des portes coulissantes.

TIRER PARTI DES CLOISONS

Si vous désirez cloisonner votre salle de bains pour avoir plus d'intimité (voir page 129), tenez-en compte dès la phase d'élaboration. Pensez à placer la douche ou les toilettes à l'extrémité de la pièce, avec une cloison en angle droit pour les masquer. Si vous disposez de suffisamment de place, installez-les contre des murs opposés en les isolant par un système de cloisons. Cet aménagement créera ainsi un nouveau mur contre lequel vous pourrez placer une baignoire ou une vasque.

Options déco

CANALISATIONS ET TUYAUTERIES

- Si vous êtes satisfait de votre installation actuelle, il ne sera ni compliqué, ni très onéreux d'exécuter vos travaux. Les tuyaux étant déjà en place, vous n'aurez qu'à acheter de nouveaux équipements sanitaires.
- Par contre, si vous voulez exploiter au mieux un petit espace, vous devrez probablement tout réorganiser et prévoir des travaux de plomberie, qui entraîneront un coût et des perturbations plus importants.
- Si vous désirez déplacer des toilettes, raccordez-les sur l'installation existante ou prévoyez un nouveau système d'évacuation.
- Pour une douche intégrée à la baignoire ou séparée, il faudra ajouter de nouveaux tuyaux.
- Si vous vous retrouvez avec une multitude de tuyaux apparents, pensez à les dissimuler dans des placards.

Mobilier et sanitaires

Les meubles et les équipements sanitaires prennent de moins en moins de place, grâce à d'ingénieux systèmes qui permettent de gagner quelques précieux centimètres et d'exploiter les espaces morts. Optez pour des meubles qui dégagent le sol, ouvrent l'espace et permettent de limiter le désordre.

BAIGNOIRES SUR MESURE

Ne renoncez pas d'emblée à une baignoire suffisamment grande pour vous y allonger. Il existe des modèles légèrement plus courts que vous trouverez probablement plus confortables (à moins d'être un géant), car vous aurez des points d'appui pour vous relaxer agréablement. Ou encore, pour gagner de la place, optez pour un modèle en fuseau avec une extrémité plus étroite. Pensez aussi à la baignoire d'angle, et choisissez-la blanche et non caramel ou « avocat », couleurs fétiches des années 1970. Pour améliorer l'effet, intégrez-la dans un coffrage en carrelage ou en bois.

La baignoire sabot a l'avantage de se caser n'importe où. Elle est généralement plus profonde et dispose d'un siège qui permet de la remplir à ras bord. Les modèles les plus récents, à la fois pratiques et décoratifs, sont carrés et souvent entourés de bois pour un effet minimaliste évoquant les styles japonais ou suédois.N'hésitez pas à faire des choix. Renoncez à certains types d'équipements (par exemple le bidet ou la douche) pour vous offrir enfin la baignoire de vos rêves.

VASQUES INGÉNIEUSES

Les vasques ont subi une profonde métamorphose ces dernières années. Inspirez-vous des toilettes de restaurants à la mode, explorez les show-rooms ou feuilletez les catalogues pour trouver la perle rare. Vous n'échapperez pas au lavabo-colonne traditionnel, disponible en petite taille et qui se glisse n'importe où, bien que sa colonne encombre inutilement le sol.

Choisissez de préférence une vasque intégrée dans un meuble. Elle prend autant de place au sol, mais offre de nombreux rangements. Pensez à la façon dont les toilettes

page ci-contre *Petit espace n'est pas forcément synonyme d'austérité. Dans cette salle de bains, le bidet a été enlevé pour permettre l'installation d'une grande baignoire, créant ainsi un décor riche et luxueux.*

à droite *Cette vasque circulaire en acier combine plusieurs astuces « gain de place ». Peu encombrante, elle est surmontée d'un porte-savon mural et de robinets intégrés dans un coffrage.*

Options déco

SOLUTIONS « GAIN DE PLACE »

- Renoncez aux coffrages de baignoire en plastique, encombrants et particulièrement inesthétiques. Remplacez-les par du carrelage, des panneaux agglomérés « hydrofuges » peints, du verre sablé, du bois ou du lambris.
- Si vous cachez la baignoire derrière des panneaux hydrofuges, prévoyez une trappe pour accéder à la tuyauterie en cas de travaux ou d'urgence.
- Pour les arrivées d'eau, optez pour des robinets fixables au mur pour libérer l'espace autour de la baignoire et de la vasque et y ranger les articles de toilette. Le mécanisme de ces robinets tient dans une cavité d'environ 8 cm de profondeur.

sont conçues dans les compartiments des trains et les cabines de bateaux : la vasque est encastrée dans un meuble qui sert de plan de toilette tout en escamotant la tuyauterie.

Les plus efficaces en matière de gain de place sont les modèles qui se fixent directement au mur et libèrent ainsi complètement le sol, ce qui permet de prendre un modèle plus grand sans risque d'envahir ou de rapetisser l'espace.

CHOIX DES SURFACES

Les nouveaux matériaux ont permis d'agrandir considérablement l'offre en matière de vasques. Le verre (à l'aspect brisé comme de la glace ou dépoli) et l'acier inoxydable forment des vasques fines et élégantes qui peuvent être fixées au mur ou posées sur un plan de toilette. Avec leurs courbes sobres, arrondies, elles sont discrètes et peu encombrantes. Si vous avez suffisamment de place, pensez aux matériaux résistants, que sont la pierre et le marbre, qui peuvent être évidés en forme arrondie ou taillés en bacs, comme les anciens timbres d'office.

TOILETTES COMPACTES

Les toilettes, comme les vasques, gagnent à être fixées au mur pour dégager le sol et dissimuler la chasse d'eau. Certaines sont conçues pour s'encastrer dans des petits espaces. D'autres ne mesurent pas plus de 50 cm de profondeur. Là encore, renseignez-vous auprès des spécialistes qui trouveront la solution la mieux adaptée à votre espace et à sa décoration.

ESPACES DOUCHES

Technologiquement très au point, la douche est devenue le moyen le plus agréable, le moins encombrant et le plus économique pour pratiquer des ablutions toniques. Elle peut s'installer directement au-dessus de la baignoire, pour gagner de la place. Elle peut aussi, si nécessaire, prendre la place de la baignoire dans la salle de bains principale. En outre, elle peut si nécessaire se glisser dans des lieux insolites : sous un escalier, dans le coin d'une chambre ou dans un cagibi.

Si vous ne pouvez renoncer aux bains, optez pour une baignoire-douche conçue avec un receveur intégré ou une baignoire munie d'un grand pare-douche. Si la place le permet, installez de préférence une cabine de douche séparée, de manière à pouvoir utiliser la douche et la baignoire en même temps. Succombez à la tentation et offrez-vous l'un de ces nouveaux modèles pourvus d'options luxueuses comme les jets d'eau ou de vapeur.

Il faut prévoir environ un mètre carré pour installer un receveur standard, mais comptez davantage pour vous mouvoir sans être gêné. Les cabines d'angles sont néanmoins très pratiques et très peu encombrantes.

ci-dessus *La petite baignoire s'intègre parfaitement dans la largeur de cette minuscule salle de bains et économise de la place. Le plan de toilette est lui-même prolongé par une sous-vasque.*

DOUCHES OUVERTES

Si votre salle de bains est toute petite et ne peut accueillir une cabine fermée, installez une douche ouverte. Choisissez un modèle maçonné, de préférence recouvert de carrelage du sol au plafond, qui offre une meilleure étanchéité. Pour préserver votre intimité – ces cabines ne sont pas fermées – installez un rideau avec une face imperméable et une face en tissu éponge ou nid-d'abeilles, plus doux et plus chaleureux.

Le luxe suprême consiste à aménager une grande douche maçonnée, carrelée de haut en bas, avec un siphon de sol. Si vous faites ce choix, prévoyez des rangements efficaces qui protégeront les serviettes et le papier toilette des éclaboussures.

ci-contre *Les cabines de douche maçonnées et entièrement carrelées sont de plus en plus à la mode. Cette douche circulaire associe petits carreaux de céramique et pavés de verre ; le siphon de sol constituant le motif central.*

Couleurs et surfaces

ci-dessous *Le mur en verre habille avec éclat cette salle de bains. Les pavés translucides et réfléchissants créent de subtils effets de couleurs évoquant les reflets de l'eau. L'étagère en verre accroît la luminosité de l'ensemble.*

La théorie sur le blanc et son pouvoir agrandissant prend toute sa signification dans une salle de bains. Le blanc est la couleur la plus répandue pour les équipements sanitaires, quelle que soit la taille de la pièce.

Régulièrement, les designers tentent d'introduire des tons légers, tels les crème ou les roses (souvent appelés « champagne »), mais le résultat, auprès des consommateurs, n'est pas à la hauteur du blanc. Le blanc est pur, classique et, à moins de préférer le marbre et la pierre à la faïence et à l'acier traditionnels, cette couleur s'impose comme le choix le plus naturel pour une salle de bains. Le blanc ne se démode pas (les sanitaires blancs ont plus que jamais la cote dans les brocantes et les magasins spécialisés, contrairement aux équipements bleus ou bordeaux exclusivement réservés aux amateurs de kitsch). De plus, le jour où vous souhaitez mettre votre maison en vente, vous ne risquerez pas de rebuter d'éventuels acheteurs.

PALETTE DE COULEURS

Les salles de bains étant souvent petites, privilégiez les couleurs pâles et lumineuses pour le reste de la décoration ou, si le cœur vous en dit, choisissez des tons plus chauds qui trancheront sur le blanc. Prenez des couleurs qui engendrent une impression d'espace afin de varier les effets ou de jouer avec les ambiances. Les peintures ou les carrelages d'un blanc crémeux forment un cadre élégant et donnent encore plus d'éclat aux sanitaires d'un blanc pur.

Les tons plus contemporains et neutres – pierre ou taupe par exemple –, induisent une calme atmosphère zen. Les bleus, les verts et les mauves pâles évoquent les reflets de l'eau. Quant aux beiges rosés, doux et satinés, ils réchauffent agréablement les décors trop aseptisés.

PROTECTION DES MURS

Le choix le plus simple pour le traitement des murs est d'associer carrelage et peinture. Si la pièce est bien aérée, vous pouvez poser un revêtement mural (avec une colle spéciale), à condition qu'il soit uni, surtout si la pièce est minuscule. Pour les boiseries et les murs, prenez de la peinture hydrofuge spéciale salle de bains. Si vous aimez les matériaux anciens, appliquez de la chaux colorée de pigments sur un enduit chaulé ou de la brique (surtout pas sur une surface moderne).

La chaux supporte très bien les environnements humides. Elle ne cloque pas et ne moisit pas.

CHOIX DES CARRELAGES

Le carrelage est indispensable pour protéger les murs autour de la baignoire, derrière la vasque et autour du receveur de douche, mais réfléchissez bien avant d'en poser de haut en bas. Un excès de carrelage peut « écraser » une petite pièce, les motifs risquent d'agacer l'œil au fil du temps ; et même les carreaux unis risquent de créer un effet froid et impersonnel dans un lieu censé être confortable.

Pour éviter cela, faites votre choix dans la nouvelle génération de carrelages, dont le fini plus naturel a un aspect mat rappelant la chaux, l'ardoise ou l'albâtre, et renoncez aux carrelages modernes, trop brillants. Cette brillance reflète la lumière et ouvre les petits espaces, mais le résultat est souvent surfait et tape-à-l'œil. Le carrelage mat est un bon compromis car il allie étanchéité et couleurs neutres, et génère une atmosphère douce et apaisante.

Les mosaïques, fabriquées à partir de centaines de petits carreaux, sont très esthétiques, même dans les petites salles de bains où leur aspect « miniature » s'adapte parfaitement aux proportions de la pièce. Mais là encore, évitez les excès. Une mosaïque peut être étouffante quand l'espace est limité. Il vaut mieux la réserver à un seul mur ou au contour de la douche plutôt que d'en tapisser toute la pièce.

Les carreaux de pâte de verre ou d'émail sont aussi très intéressants et permettent de créer de jolies mosaïques irisées. Il en existe une incroyable palette de couleurs et de tons, permettant de composer des surfaces légèrement réfléchissantes sans être trop brillantes.

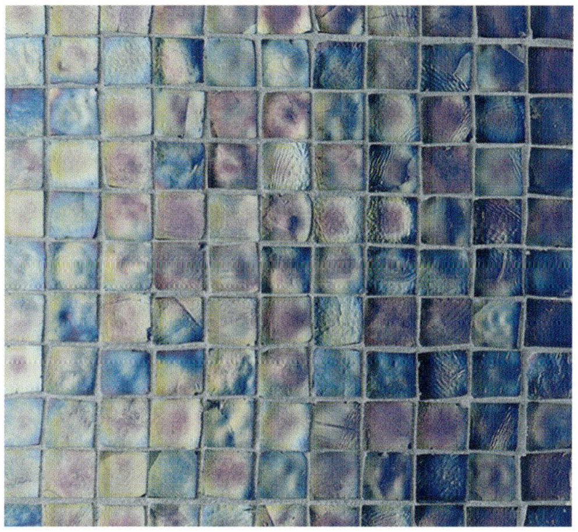

ci-contre *Ce carrelage subtilement nacré, composé de minuscules carreaux crée un doux et délicat chatoiement. Les tons bleus et mauves accrochent la lumière et agrandissent la pièce.*

ci-contre *Le grand rebord autour de la baignoire apporte une note luxueuse et accroît la surface de rangement. Le robinet fixé au centre permet de s'asseoir des deux côtés. La vasque ronde est peu encombrante et n'envahit pas la pièce.*

CHAUFFAGE

Les radiateurs de salle de bains sont devenus des objets de décoration à part entière. Leur design épuré et leurs couleurs actuelles contribuent à personnaliser la pièce au même titre que les équipements sanitaires et le carrelage. Sur un pan de mur disponible, fixez un radiateur sèche-serviettes. Un radiateur extra-plat peut se glisser entre deux meubles ou près d'une porte. Pensez aussi aux radiateurs-plinthes qui se posent au ras du sol. Évitez les radiateurs anciens, souvent trop encombrants pour une petite salle de bains, quoique certaines rééditions soient très compactes et munies d'un porte-serviettes.

ci-contre *Le vert velouté du carrelage rend cette petite salle de bains ultra-relaxante. Les tons vert mousse et taupe créent des effets contrastés sur lesquels tranche la faïence blanche. Les serviettes ocre et chocolat réchauffent l'ensemble, et tempèrent l'aspect trop monacal du carrelage.*

Options déco

REVÊTEMENTS DE SOL

Le sol d'une salle de bains doit allier beauté et fonctionnalité. Si vous vivez seul ou à deux, vous pouvez privilégier l'esthétique, ce qui ne sera pas toujours possible avec des enfants. Le carrelage en céramique ainsi que la pierre et le marbre sont esthétiques, étanches et faciles à nettoyer, mais hélas froids et durs sous les pieds, et également glissants une fois mouillés.

Pour privilégier le confort, ou réduire les risques de chutes, ajoutez des tapis en coton lavables. Il existe cependant une autre option pratique et très avantageuse : le bois. Il se fond particulièrement bien dans les décors contemporains, et apporte une touche de douceur, de chaleur. Toutefois, il s'avère indispensable de le vernir (ou de le peindre) pour le rendre étanche. Méfiez-vous des surfaces mélaminées qui ont tendance à se déformer lorsqu'elles sont soumises à une trop grande humidité. Pensez également aux dalles de sol en PVC, faciles à poser, et qui imitent à peu près toutes les matières, du bois au marbre en passant par la pierre.

Ou alors, optez pour une matière résolument moderne comme la résine coulée, chaleureuse, étanche et incroyablement robuste. Évitez les linoléums qui réagissent très mal à l'humidité. N'oubliez pas d'habiller un sol en PVC avec des dalles de caillebotis qui réduiront les risques de glissades.

AJOUTER DE LA CHALEUR ET DE LA MATIÈRE

Les glaces, les miroirs, les chromes et les céramiques sont les éléments clés d'une salle de bains. Leur surface froide, dure et réfléchissante est pratique et agrandit l'espace, mais manque de chaleur et de confort dans une pièce censée être relaxante. Ajoutez donc des matériaux tendres pour équilibrer et réchauffer l'ensemble.

Qui dit douceur, dit linge de maison : empilez des serviettes éponges épaisses ou, pour une ambiance légèrement plus urbaine et sophistiquée, nid-d'abeilles. Blanches, elles ajouteront une note de pureté ; en couleurs, elles apporteront des dégradés ou des contrastes avec des couleurs dominantes.

En intégrant du bois de hêtre ou de cèdre au coffrage de la baignoire ou dans le mobilier, vous apporterez une touche d'authenticité à un décor moderne.

DES SOLUTIONS SIMPLES

- Si vous avez une fenêtre dans votre salle de bains, ne l'encombrez pas d'un rideau. Posez des vitres en verre dépoli ou sablé pour plus d'intimité, ou fixez un store qui vous isolera tout en laissant filtrer la lumière du jour.
- Évitez la surabondance de motifs, de couleurs et de matières pour ne pas perturber l'harmonie générale de la pièce. Choisissez une seule couleur, ou des dégradés d'une même teinte, pour les murs et le plafond, et posez un revêtement ou du carrelage uni sur le sol.
- Introduisez des surfaces réfléchissantes comme le chrome, l'inox, le verre et les grands miroirs, pour éclairer, ouvrir et élargir l'espace.
- Placez des lampes halogènes pour illuminer ou agrandir un petit espace. Des spots encastrés dans le plafond, associés à un bon miroir éclairant, rendront la pièce beaucoup plus spacieuse.

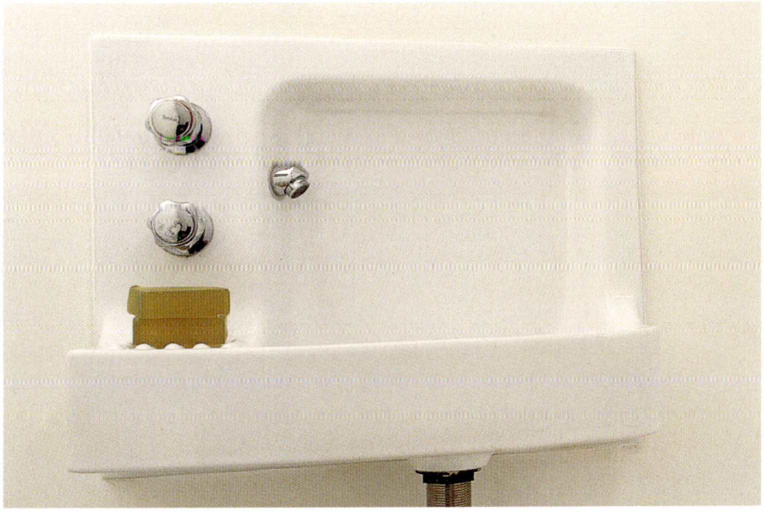

ci-contre *Cette vasque fixée au mur s'inspire des installations sanitaires des restaurants à la mode. Équipée d'un protège-mur intégré, elle est munie de robinets placés à la verticale au-dessus d'un porte-savon. Le design moderne et compact allie efficacement style et fonctionnalité.*

Les rangements

ci-dessous *Cette élégante vasque fait partie de la nouvelle génération des équipements sanitaires conçus pour ouvrir l'espace dans les petites salles de bains.*

Lorsque l'espace est particulièrement réduit, l'idéal est de choisir des meubles intégrés, car ils peuvent se glisser n'importe où et constituent d'astucieux plans de toilette, grandissant ainsi les surfaces de rangements.

Comme dans les cuisines, les meubles de salle de bains peuvent combiner étagères ouvertes et placards fermés, conçus pour accéder rapidement à leur contenu et se fondre dans le décor.

Si vous n'aimez pas l'effet trop soigné des meubles intégrés (dont l'aspect lisse paraît parfois aseptisé et froid), vous pouvez créer un cadre plus décontracté avec des meubles sur pieds. Les dessertes, les colonnes d'étagères ou les corbeilles métalliques offrent des rangements verticaux peu encombrants qui peuvent être équipés de roulettes pour les déplacer au gré des besoins. Pensez aussi, bien sûr, à fixer des étagères et des placards muraux afin d'utiliser au mieux l'espace. Les tablettes munies de crochets et les sacs à linge sont aussi très pratiques quand il n'y a guère de place au sol.

Une solution intermédiaire consiste à poser des meubles intégrés dans les endroits particulièrement difficiles à aménager, et à équiper le reste de la pièce de meubles sur pieds. Si vous avez un lavabo-colonne, entourez-le d'un placard qui optimisera l'espace au sol. Prévoyez également des rangements dans le coffrage de la baignoire.

COFFRAGE DE LA BAIGNOIRE

Si vous avez la place, habillez votre baignoire d'un grand coffrage pour y loger des produits d'entretien ou des articles de toilette. Cela créera aussi un large rebord sur lequel vous pourrez poser vos huiles de bain, flacons de parfum, et autres objets décoratifs. Pensez aussi à fixer des étagères ou des crochets au mur, le long ou de chaque côté de la baignoire, qui constitueront des rangements supplémentaires, peu encombrants. Si votre salle de bains dispose d'une bonne hauteur sous plafond, n'hésitez pas à poser la baignoire sur une estrade munie d'espaces de rangement au-dessous.

Options déco

ci-contre *La porte miroir au-dessus du lavabo agrandit la pièce et abrite un profond placard accueillant articles de toilette et de pharmacie.*

GAGNER DE LA PLACE

- Les meubles à double usage sont très pratiques dans les petits espaces. Rangez vos serviettes dans un coffre qui fera également office de tabouret ou de table d'appoint, et installez des radiateurs muraux sèche-serviettes pour allier chauffage et rangement.
- Fixez un porte-serviettes chauffant sous la vasque ou, s'il s'agit d'un lavabo-colonne, de chaque côté de la colonne pour avoir vos serviettes à portée de la main sans encombrer le mur.
- Installez des séries de paniers (les plus pratiques étant ceux de forme arrondie en osier) pour stocker le maquillage, le papier toilette, les serviettes, les produits d'entretien et le linge.
- Équipez la pièce d'une porte double, avec des « poches » de rangement taillées dans la face intérieure.

ÉTAGÈRES ASTUCIEUSES

Les étagères ouvertes sont très pratiques pour exploiter les espaces morts, tels que les étroits pans de mur derrière les portes. Elles peuvent aussi constituer d'ingénieuses séparations entre les équipements sanitaires. Vous pouvez par exemple fixer une grande étagère perpendiculairement au mur, au pied de la baignoire, pour composer un rangement supplémentaire et cacher les toilettes.

Ce genre d'étagères peut accueillir des serviettes pliées en piles bien nettes ou encore quelques paniers en osier de toutes les formes. Pensez aussi à y disposer de jolies bouteilles contenant des sels ou autres produits de toilette.

ci-contre *Cette vasque en verre posée sur un épais plan de toilette libère un grand espace de rangement. Les tiroirs placés en dessous contiennent des petits accessoires et la longue étagère basse abrite des paniers circulaires très pratiques pour y stocker les produits d'entretien. Quant aux panières à linges posées à même le sol, elles sont remplies de serviettes propres.*

Idée déco sous les combles

Dans cette petite salle de bains propre et nette un grand nombre d'astuces se conjuguent pour faire paraître les combles dans lesquels elle est installée plus grands et plus lumineux qu'ils ne sont en réalité.

COMMENT RÉUSSIR

Dans cette pièce, l'élément clé est la couleur, un subtil camaïeux de bleus aux effets réfléchissants, ce qui est particulièrement notable pour le mur incliné qui évoque un ciel d'été. La pièce a été aménagée de façon à tirer parti de cette soupente, avec le coin douche installé dans la partie la plus haute de la baignoire pour pouvoir s'y tenir debout.

Les rebords de la maçonnerie offrent de nombreuses surfaces de rangement, complétées par une petite colonne d'étagères métalliques qui se déplace au gré des besoins.

La tabatière placée dans la soupente laisse rentrer plus de lumière qu'une fenêtre verticale ordinaire. Elle est dépourvue de rideaux et de stores pour que le maximum de lumière puisse entrer.

Le mur du fond est entièrement recouvert d'un miroir triangulaire, pour prolonger la perspective et réfléchir la lumière, et rend l'ensemble plus vaste et plus lumineux. Enfin, le sol, le mur du coin douche et le tablier de la baignoire ont été ici recouverts d'une jolie mosaïque qui apporte sa petite note chic et moderne, seule fantaisie discrète dans un décor délibérément uni.

ÉLÉMENTS CLÉS

TOILE DE FOND BLEUE

Lumineux, agrandissant et frais, le bleu convient parfaitement aux salles de bains.

ACCESSOIRES BLANCS

Les équipements sanitaires et les serviettes blanches sont neutres et intemporels et tranchent agréablement avec le bleu.

MOSAÏQUE

La mosaïque apporte une petite note luxueuse et antique, et permet de créer des dégradés à partir d'une même couleur.

MUR MIROIR

Il réfléchit la lumière du jour et met en valeur le mur incliné.

TABATIÈRE

Plus intime qu'une fenêtre classique, il protège des regards indiscrets et peut donc se passer de stores.

Couleurs

Carrelage et serviettes

Murs et plafond

Bois naturel

Carreaux de mosaïque

Contrairement aux chambres d'adultes, les chambres d'enfants sont des sortes d'univers parallèles, des refuges où les enfants vivent à leur rythme, travaillent, se reposent et jouent, quand ils ne font pas tout en même temps ! Il faut donc prévoir des surfaces résistantes et des rangements fonctionnels tout en tenant compte de leur goût pour les couleurs acidulées et des modes enfantines.

L'aménagement d'une chambre d'enfant doit répondre à trois critères : adaptabilité, luminosité et facilité d'entretien. L'adaptabilité est essentielle pour que la chambre grandisse avec l'enfant (et accueille ses éventuels frères et sœurs) et soit fonctionnelle de jour comme de nuit. Pour accentuer la luminosité, on privilégiera des couleurs gaies et stimulantes qui ouvrent l'espace et offrent un bon compromis entre les pastels du premier âge et les couleurs affirmées de l'adolescence. Enfin, la facilité d'entretien est essentielle, quels que soient l'âge et la personnalité de l'enfant. Il faut aussi tenir compte de certains détails importants comme la sécurité, l'éclairage, prévoir un plan de travail pour les devoirs et bien sûr, suffisamment d'espace au sol pour étaler les jouets. Enfin (et surtout), il faut concevoir un environnement qui stimule l'imaginaire de l'enfant.

Le cahier des charges est si épais qu'il est tentant de valoriser un aménagement sommaire (surtout si la chambre est petite), mais avec un peu de réflexion et de créativité, vous arriverez à transformer une simple pièce en un monde enchanté !

8 Chambres d'enfants

De l'espace pour s'épanouir

Une chambre d'enfant doit contenir une aire de travail et de jeu, ainsi qu'un endroit douillet pour dormir. Elle doit donc être séparée en deux ou pouvoir se transformer facilement. Il va donc falloir privilégier la flexibilité et faire preuve de bon sens et d'ingéniosité.

Les goûts et les besoins des enfants changent beaucoup plus vite que ceux des adultes, et il y a fort à parier que vous n'aurez pas envie de changer la décoration de leur chambre à chaque étape clé de leur vie (des briques en plastique à la *dance music*) ou chaque fois qu'ils s'éprendront d'une nouvelle vedette de télévision. Le mieux est donc de prévoir un fond uni que vous pourrez réactualiser au gré des modes.

N'hésitez pas à les faire participer à la décoration de leur chambre, car plus ils se l'approprieront, plus ils auront envie qu'elle soit propre et bien rangée. Il ne s'agit pas de tout retapisser selon la dernière tendance (vite périssable), mais plutôt de consulter vos enfants et de décider, ensemble, en famille, des couleurs et des matériaux à employer.

CHOIX DES COULEURS

La règle d'or qui consiste à utiliser du blanc pour ouvrir l'espace ne convient pas vraiment à une chambre d'enfant. Les enfants ont besoin de couleurs stimulantes, et bien que les pastels

ci-contre *Le blanc peut servir de couleur de base à condition de l'égayer de motifs et de couleurs toniques, comme ce camion peint à l'angle de la pièce, avec sa cabine débordant sur la tête de lit. Ce genre de décor peut être facilement réactualisé, ce qui n'est pas le cas d'un papier peint fantaisie.*

soient doux et tendres pour les bébés, ils préféreront généralement des couleurs vives et ludiques dès qu'ils commenceront à percevoir leur environnement.

Si vous souhaitez leur laisser le choix des couleurs, il faudra sans doute les guider pour éviter les tons trop enveloppants. En règle générale, les jaunes (qui sont naturellement lumineux), les bleus et les verts (qui sont réfléchissants) sont moins oppressants que les rouges vifs et les violets.

Pensez à installer des miroirs – à condition que votre enfant soit soigneux. Équipez par exemple un placard de portes miroirs ou tapissez un mur de miroirs carrés autocollants qui élargira l'espace.

Afin de répondre aux désirs de votre enfant, il est préférable de peindre les murs d'une couleur unie et de les décorer d'une frise ou d'autocollants, modifiables au gré de ses envies. Pensez à orner le plafond d'étoiles fluorescentes pour évoquer la voûte céleste ou à colorer certains endroits de peinture phosphorescente pour apporter une note de fantaisie, mais aussi une présence lumineuse à l'heure du coucher.

Fixez un tableau noir pour les encourager à dessiner et à écrire, et un tableau magnétique qu'ils orneront de lettres et de chiffres aimantés ou sur lequel ils exposeront leurs photographies préférées, cartes d'invitation et autres dessins ou mots doux.

Options déco

OBJECTIF SÉCURITÉ

- Les lits superposés sont déconseillés aux enfants de moins de six ans.
- Ne laissez pas traîner de câbles électriques et pensez aux cache-prises.
- Pour que votre enfant ne se pince pas les doigts dans les meubles, posez des bloque-portes et des bloque-tiroirs ; préférez les malles en osier aux coffres en bois, plus lourds.
- Posez des entrebâilleurs de fenêtre si elles sont faciles d'accès (en grimpant sur le lit, par exemple).

à gauche *Le vert anis est gai et convient aux garçons comme aux filles, aux bébés comme aux adolescents. La cheminée a été recouverte d'un tableau noir pour que les enfants puissent exercer leurs talents.*

à droite *Cette commode en bois peint, conçue avec une table à langer et des corbeilles de rangement, est très pratique dans la chambre d'un bébé, et permettra de ranger jouets ou vêtements quand il sera plus grand.*

ci-contre *Le plancher lasuré et les couleurs douces apportent une touche de sophistication à cette chambre conçue pour suivre l'enfant jusqu'à l'adolescence. Les cercles peints sur les murs reprennent les couleurs des meubles. Les coussins unis sont assortis aux tons de la couette, et la fenêtre est habillée d'un store à enrouleur très actuel. Suffisamment stylée pour un adolescent soucieux de son image, cette chambre est facile à réactualiser.*

SOL RÉSISTANT

Le sol d'une chambre d'enfant doit être résistant, lavable et modulable comme le reste de la pièce. Si vos enfants ont passé l'âge le plus turbulent (et commencent à apprécier les belles choses), posez une moquette épaisse, d'une teinte neutre, peu salissante et facile à entretenir.

Pour les jeunes enfants, optez plutôt pour un revêtement en PVC épais, ou du bois que vous recouvrirez de tapis lavables ou de dalles de mousse, colorés et confortables. Doublez-les, si nécessaire, d'une face antidérapante pour éviter les glissades impromptues.

L'avantage du plancher est qu'on peut le repeindre autant de fois que nécessaire, d'une couleur unie assortie au mobilier ou en le ponctuant de motifs fantaisie. Dans ce cas, utilisez une peinture spéciale pour obtenir une finition robuste et résistante, ou passez plusieurs couches de vernis transparent qui fixeront bien la couleur.

Si vous préférez un sol coloré facilement transformable, pensez aux dalles de moquette que vous pourrez associer de différentes façons pour créer des rayures, une sorte d'échiquier ou encore un faux tapis avec un centre et des bordures contrastés. Les dalles de moquette ont également l'avantage d'être facilement interchangeables : dissimulez les plus défraîchies dans des endroits peu visibles, sous les lits, par exemple.

MEUBLES ÉVOLUTIFS

Une chambre modulable est plus facile à aménager avec des meubles simples. Toutefois, vous n'échapperez pas à certains grands classiques. Réfléchissez bien avant d'acquérir le lit (voir page 152), en privilégiant les modèles qui grandissent avec l'enfant. Si vous avez un bébé, vous aurez aussi besoin d'une table à langer. Choisissez-la dotée de nombreux rangements pour qu'elle puisse avoir un autre usage quand votre enfant sera devenu propre.

Mais surtout, gardez un point de vue « évolutif » et prenez des meubles multifonctions. Aux chaises et tables miniatures, préférez un pouf garni de granulés polystyrènes et plusieurs malles en osier où vous rangerez les jouets et qui serviront de siège quand l'enfant sera plus grand. Les meubles évolutifs qui adoptent des formes différentes sont très pratiques, ainsi que les rangements à roulettes. N'hésitez pas à munir de roulettes les meubles qui n'en ont pas.

La chambre d'enfant est aussi l'endroit rêvé pour recycler de vieux meubles ou exposer le fruit de vos excursions dans les brocantes. Si, comme conseillé, vous traquez systématiquement les objets inutiles dans le séjour et dans votre chambre, pensez à récupérer des placards ou des coffres, pratiques et transformables, que vous rajeunirez d'une couche de peinture. Là encore, n'hésitez pas à les repeindre au gré des modes.

ACCESSOIRES FANTAISIE

Avec les parures de lit et les rideaux, il vous sera plus facile de céder aux caprices de votre enfant, en évitant soigneusement les produits trop marketing qui se démodent en quelques mois. Choisissez des tissus avec des couleurs et des motifs gais, de préférence réversibles, qui permettent de varier la couleur de la couette et de l'oreiller.

Le mélange des matières donne un aspect plus ludique au décor et stimule l'imaginaire des tout-petits ; essayez d'associer différents tissus, comme la fourrure, la feutrine, le velours et la laine.

Pour les plus grands, décorez la pièce avec quelques accessoires originaux chinés dans les brocantes, qui les ouvriront au monde des adultes : ils adoreront ce mélange de fantaisie et de sérieux.

ci-dessus *L'association de plusieurs rangements permet de dompter le désordre. Une étagère fixée en hauteur contient livres et jouets, la commode renferme des vêtements, et deux grandes boîtes ont été glissées sous le lit.*

THÈMES UNIVERSELS

Évitez les sempiternels « bleu pour un garçon » et « rose pour une fille » qui vous limiteront dans vos choix, et compliqueront les échanges ou les partages de chambre. Même conseil pour les dessins trop typés parsemés de fleurs ou de footballeurs. Choisissez plutôt des motifs neutres – carreaux, rayures, pois – ou des tissus unis.

Une chambre pour deux

ci-dessous *Ce store de pirate se baisse pour séparer les deux lits jumeaux et offrir à chaque enfant son territoire derrière des panneaux percés de faux hublots.*

Les enfants ont besoin d'avoir leur propre territoire pour se forger une personnalité et acquérir le sens de la propriété. S'ils doivent partager une chambre à deux, pensez à créer des sous-espaces pour qu'ils aient chacun leur domaine.

L'un des moyens les plus simples d'y parvenir est de colorer différemment deux parties de la pièce. Demandez à vos enfants de choisir la couleur de leurs murs ou, si cela vous semble risqué, sélectionnez vous-même deux couleurs assorties, mais contrastées. Vous pourrez ainsi recouvrir deux murs adjacents du même ton, pour que chaque enfant s'approprie son espace. Ou alors, séparez la pièce en deux, en son centre, en peignant chaque côté d'une couleur différente. Au lieu de tracer une séparation droite, amusez-vous à dessiner une ligne ondulée ou en dents de scie, de sorte que les deux couleurs s'imbriquent l'une dans l'autre, comme un puzzle.

Choisissez des parures de lit différentes pour bien marquer la division (dans la mesure du possible, prenez des housses de couette dans les mêmes tons, mais avec des motifs différents) et bien sûr recouvrez aussi le sol de revêtements contrastés. Le bois se peint (et se repeint) à volonté, à moins que vous ne préfériez quelques tapis (avec une face antidérapante) de différents tons. Osez aussi les effets inversés en posant, par exemple, des dalles de moquettes bleues près d'un mur vert et vice-versa.

CLOISONNEMENT

Pour mieux souligner la séparation, dressez une cloison avec des meubles. Les étagères ouvertes sont les plus pratiques, car elles permettent de ranger des livres, des jouets, des CD, des affaires de classe des deux côtés de la pièce tout en laissant passer la lumière du jour.

Prévoyez des étagères larges, solides et stables pour tenir sans support et sans fixation ; elles doivent, bien sûr, être interdites aux apprentis-alpinistes.

Les systèmes de cubes modulables sont aussi très pratiques, car ils permettent de construire n'importe quel type de séparation.

ci-contre *Ces jolis stores vichy s'enroulent et se déroulent quand les enfants ont besoin de s'isoler ou veulent au contraire se réunir. Leurs couleurs assorties aux parures de lit renforcent l'impression de gaieté.*

Empilez-les sur différentes hauteurs comme les remparts d'un château-fort ou bien encore, placez-les en escalier, la partie haute adossée à un mur.

TREILLIS

Si la pièce n'est pas suffisamment grande pour aménager une cloison de meubles, séparez-la avec du treillis. Il laissera filtrer la lumière et servira aussi de support aux cintres, photographies, affiches et mémos. Utilisez du véritable treillis de jardin peint ou en bois naturel, que vous fixerez de façon permanente ou transformerez en paravent avec deux ou trois panneaux mobiles pour le déplacer et le plier à volonté.

CLOISONS TEMPORAIRES

Les enfants peuvent parfois se montrer très capricieux. Après avoir réclamé une cloison à corps et à cris pour être enfin séparés l'un de l'autre, ils peuvent très bien changer d'avis et préférer un espace ouvert plus convivial et plus rassurant – être seul est quelquefois difficile ! Il est alors préférable de prévoir un système de cloison temporaire. Cet aménagement, modulable, aura en outre l'avantage de permettre à la pièce d'évoluer ultérieurement quand les enfants seront grands. Si vous manquez de place au sol, séparez la pièce par des stores en tissu fixés au plafond, qui formeront une séparation escamotable en un clin d'œil.

AFFICHER LEUR DIFFÉRENCE

Pour que chaque enfant puisse s'exprimer et marquer son territoire, installez, pour chacun, des panneaux d'affichage. Posez des plaques de liège où ils pourront punaiser leurs photographies, ou un tableau magnétique, très pratique pour fixer de menus objets sans punaises ou épingles. Complétez le décor avec un tableau noir où ils pourront donner libre cours à leurs talents créatifs sans avoir à se disputer la place.

Dormir

Pour un enfant, le lit n'est pas seulement un lieu de repos. C'est un refuge, une aire de jeu, un champ de bataille pour des armées imaginaires et le théâtre de milliers d'histoires extraordinaires.

Les adultes passent en moyenne un tiers de leur vie au lit. Les enfants, eux, avec les siestes du jeune âge et la propension des adolescents à faire la grasse matinée, y passent près de la moitié de leur temps. Il est donc important de bien le choisir.

OPTIMISER L'ESPACE

Vous aurez beau faire, vous n'arriverez pas à persuader vos enfants de se débarrasser de leurs vieux jouets, et vous ne pourrez pas leur imposer les mêmes règles de rangement draconiennes qu'à vous : d'où l'utilité de choisir un lit avec de nombreuses possibilités de rangements. Le plus simple est de prendre un modèle suffisamment haut pour pouvoir glisser des boîtes en plastique montées sur roulettes ou des paniers en osier en dessous.

Il existe aussi des lits avec des tiroirs ou des placards intégrés, de conception classique, ainsi que des lits-podiums conçus comme les lits surélevés avec une échelle d'accès. Au niveau inférieur, vous pourrez installer toutes sortes de meubles (placards, étagères, bureau...) à moins que vous ne préfériez tout fermer pour construire une cabane. Vous pouvez obtenir le même effet en tendant des rideaux colorés de part et d'autre de la structure.

LITS FANTAISIE

Les enfants sont naturellement capables de s'amuser avec n'importe quoi (ce qui explique l'éternel succès des placards sous les escaliers, et des tentes improvisées avec les draps), mais si vous désirez stimuler leur imagination, offrez-leur un lit original en forme de bateau, de château, de bus ou de fusée.

page ci-contre *Ce lit superposé métallique, aux lignes sobres, offre un couchage supplémentaire. Le mur du fond est recouvert d'une fresque marine et le tableau en forme de hublot, au-dessus du lit, complète ce décor marin.*

à droite *Ce lit encastré dans une alcôve en lambris, allie sécurité et intimité. Les murs et la parure sont d'un bleu-violet apaisant tandis que l'intérieur de l'alcôve est illuminé par un jaune chaleureux.*

C'est bien sûr avant tout un achat qui fait plaisir, mais en mettant à leur disposition ce genre de terrain de jeu, vous réduirez sensiblement le désordre ailleurs.

LITS SUPERPOSÉS

Les lits superposés sont toujours très appréciés des enfants, alors profitez-en. C'est une solution très commode pour faire cohabiter deux enfants dans la même chambre ou pour faire dormir leurs amis.

La structure peut être en bois que vous peindrez si vous voulez la personnaliser et apporter une touche de couleur à la pièce. Elle peut également être en acier, ce qui convient parfaitement à un décor spatio-futuriste. Sur certains modèles, particulièrement bien conçus, le couchage inférieur est bordé d'épais coussins et se transforme en canapé d'appoint dans la journée.

Si vous optez pour des lits superposés, pensez à exploiter toute la hauteur de la pièce en fixant des étagères au-dessus. De minces tablettes placées au niveau du couchage supérieur peuvent accueillir des livres, mais aussi une lampe et un réveil, et servir ainsi de table de chevet.

Vous pouvez également pincer un spot sur l'un des montants du lit, au lieu de poser une lampe sur une étagère, plus fermement fixé, il évitera tout incident malencontreux, chute ou fil arraché, ce qui évitera aux câbles ou aux ampoules de toucher la parure du lit.

Options déco

SOLUTIONS GAIN DE PLACE

- Si vous n'avez pas la place de garder un lit de bébé, optez pour un lit modulable qui suivra l'enfant tout au long de sa croissance. Les plus élégants sont les lits bateaux qui, bordés de coussins, peuvent aussi servir de canapé dans une chambre d'adolescent.
- Bien qu'ils exploitent efficacement l'espace vertical, les lits superposés sont souvent trop longs et trop larges. Si la chambre de votre enfant est petite, demandez à un bon menuiser de vous en fabriquer un sur mesure.
- Les têtes de lit sont encombrantes, mais elles offrent parfois des couleurs et des formes stimulantes pour les enfants.
- Afin de gagner de la place, peignez-en une directement sur le mur. Vous pouvez également fixer un panneau de liège que vous recouvrirez de tissu et équiperez de grandes poches dans lesquelles votre enfant pourra ranger ses livres, ses peluches, une lampe et toutes sortes d'accessoires.

Travailler et jouer

ci-dessous *Ce tipi bariolé transforme le lit en une niche douillette, la nuit, et en terrain de jeu, le jour.*

Depuis l'avènement des ordinateurs, travail et loisirs ont tendance à se superposer. Les aires de jeu et les accessoires ludiques sont pourtant toujours aussi nécessaires pour développer l'imaginaire de l'enfant.

BUREAU

Il doit être confortable et bien éclairé. Choisissez un modèle avec un plateau réglable en hauteur pour qu'il grandisse avec l'enfant, et puisse changer de fonction au fil des ans. Si vous n'avez pas la place d'installer un vrai bureau, remplacez-le par une tablette en bois qui se relève contre le mur quand elle ne sert pas. Fixée par des charnières, elle peut être soutenue par un pied qui se déplie à partir du mur, ou par des cordes ou des chaînes reliant ses angles extérieurs au mur.

Pour que votre enfant ne travaille pas dans la lumière crue d'un plafonnier, prévoyez une bonne lampe orientable, ce qui limitera aussi le rayonnement de l'écran de son ordinateur. Si vous n'avez pas la place de le poser sur le bureau, installez un spot à pince sur une étagère ou sur un meuble adjacent. Accrochez un panneau d'affichage pour les messages, les mémos, les emplois du temps, les invitations, etc. Il peut s'agir d'un tableau noir (à utiliser avec des craies de couleur) ou d'un tableau magnétique (muni d'aimants). Vous pouvez également fixer une plaque de liège brute avec des punaises ou des épingles à tête, ou encore recouverte de tissu et ornée de rubans entrecroisés derrière lesquels votre enfant pourra glisser des cartes ou des papiers.

Si vous optez pour une tablette murale escamotable, collez le panneau derrière, sur le mur, afin qu'il serve de décor au bureau quand il est rabattu, ou fixez-le sous la tablette pour qu'il soit visible lorsque celle-ci est relevée contre le mur.

AIRES DE JEU

Les enfants – comme les chats – sont spontanément attirés par les recoins où ils peuvent se cacher, c'est pourquoi les lits surélevés avec espace de jeu intégré sont si intéres-

ci-contre *Ce coin-bureau aménagé dans des combles exploite au mieux cette chambre longue et étroite. Très lumineuse grâce aux deux fenêtres latérales et au spot fixé à la poutre centrale, cette pièce est peinte en jaune vif, une couleur gaie et stimulante. Les cahiers et autres fournitures sont rangés dans de jolies boîtes.*

sants. La plupart des chambres, même de taille moyenne, n'ont pas suffisamment de place pour y planter une tente de jeu, mais vous pourrez probablement exploiter un coin (un grand placard par exemple) si la chambre se trouve, notamment, sous les combles. Il vous suffira pour obtenir une cabane d'y percer une porte et une fenêtre.

Si vous manquez d'espace pour aménager une cabane permanente, inspirez-vous des chambres partagées (voir page 150), et aménagez une installation avec des cloisons et des stores. Un paravent en treillis, en bois peint ou en tissu peut se replier contre un mur quand il ne sert pas, tandis que des stores s'enrouleront au plafond entre deux usages. Placez-en deux ou trois contre un mur ou dans un coin et voilà la chambre de votre enfant munie d'une tente escamotable.

Choisissez des stores en coton de couleurs vives ou, s'ils sont blancs, peignez-les selon votre imagination, en y représentant un château, une boutique, ou un autre motif particulièrement apprécié de votre enfant.

SOLS LUDIQUES

Servez-vous aussi des sols pour développer l'imaginaire de votre enfant. Peignez un échiquier ou une marelle géante sur le plancher, ou posez des tapis lavables représentant une ferme, des voies ferrées ou un circuit routier, qui l'inciteront à jouer.

Prévoyez des espaces sous le lit ou des coffres pour ranger les châteaux forts et les fermes sans avoir à tout démonter. Munissez-vous de boîtes étiquetées ou de sacs à cordon pour les cubes en plastique, les blocs de bois et autres petites pièces (voir page 156).

FOURNITURES DE BUREAU

Structurez l'intérieur des tiroirs du bureau avec des plateaux à couverts pour les crayons, les stylos, les trombones et le reste. Fixez au mur une plaque en liège, un tableau noir ou un tableau magnétique pour que votre enfant y affichent messages, mémos ou emploi du temps.

Rangements malins

De bons éléments de rangement sont indispensables dans une petite chambre, mais s'il s'agit de celle de votre enfant, donnez-leur un aspect amusant pour qu'il ne rechigne pas à s'en servir. Exploitez le moindre recoin et encouragez votre enfant à s'organiser en séparant bien les vêtements, les fournitures d'école et les jouets.

Les rangements bas conviennent particulièrement aux jeunes enfants car ils leur sont facilement accessibles. Glissez des paniers ou des boîtes sous le lit ou empilez-les contre un mur pour gagner de la place. Les bacs en plastique empilables créent des blocs de couleurs qui peuvent s'intégrer dans des colonnes spéciales. Les plus pratiques sont munis de roulettes qui les transforment en chariots. Choisissez-les avec des tiroirs transparents qui laissent deviner leur contenu.

SYSTÈMES DE CUBES

Les systèmes de cubes sont parfaits car ils peuvent se moduler au fil du temps. Composez un placard bas, des espace vides et des étagères ouvertes, en disposant une seule rangée de cubes contre un mur. Ils peuvent aussi servir de sièges d'appoint. Puis, quand l'enfant grandit, rajoutez des cubes en hauteur pour ranger livres, CD, chaîne stéréo, etc. N'hésitez pas à insérer des rangements individuels dans les cubes, comme des boîtes à chaussures ou des cartons d'archives pour les petits objets.

Peignez les cubes afin de les rendre plus gais. La couleur joue un rôle crucial pour inciter un enfant à ranger. Une armoire ou une commode basiques peuvent être ornées de losanges de couleurs, façon arlequin. Vous pouvez aussi peindre les tiroirs de différentes teintes ou faire contraster les portes et les poignées avec le reste de la structure.

ci-dessus *Ce placard a été aménagé pour accueillir vêtements et chaussures dans des compartiments suspendus.*

Options déco

OPTION TISSU

Si, malgré tous vos efforts, votre enfant n'est pas un as du rangement, masquez les étagères avec des rideaux ou des stores. Faciles à confectionner, les rideaux en tissu sont économiques et prennent moins de place que les portes. Plutôt que de choisir un grand meuble, rangez les vêtements dans des petites armoires en tissu ou en plastique. En général, les enfants n'ont pas besoin d'une aussi grande penderie que les adultes.

Fixez des tubes (en carton ou en plexiglas) sur le mur pour stocker les posters et les dessins sans les plier ni les froisser. Plus ingénieux encore, équipez un mur d'un treillis où vous pourrez fixer autant de crochets que nécessaire sans abîmer la surface porteuse. N'oubliez pas d'exploiter la hauteur sous plafond. Suspendez des filets ou hamacs au plafond, et multipliez les rangements, notamment pour les peluches qui ne risquent pas de casser ou de blesser l'enfant en tombant.

ci-dessus *Un portemanteau peint, fixé au mur, permet d'accrocher des sacs contenant des jouets, des vêtements et des chaussures. Ce genre de sac à cordon est très pratique pour ranger chaussettes, habits infroissables et sous-vêtements.*

ci-dessus à droite *Quelles que soient leurs formes, les boîtes colorées constituent d'excellents rangements. Empilées contre un mur, glissées sous un lit ou simplement posées au-dessus d'une armoire, elles permettent de stocker les vêtements et les jouets peu utilisés.*

RANGEMENTS SUSPENDUS

Privilégiez tout ce qui permet de dégager le sol. Crochets et portemanteaux permettent de suspendre des sacs contenant des jouets, des vêtements, des chaussures et des sous-vêtements. Rangez le bric-à-brac (animaux de ferme, chiffres magnétiques, crayons...) dans des petits seaux de plage.

PLACARDS MERVEILLEUX

Laissez libre cours à votre imagination et jouez avec les couleurs, les effets et les trompe-l'œil pour fondre les placards dans le décor. Ils feront ainsi partie intégrante de la pièce et stimuleront l'imaginaire de votre enfant, au lieu d'être inutilement envahissants.

- Peignez un phare sur un grand placard pour le marier à un décor marin.
- Si le thème de la chambre est une fête foraine, dessinez des montagnes russes.
- Transformez un placard de petite fille en maison de poupées. Placez chaque étagère de façon à reconstituer des petites pièces.
- Reconvertissez une alcôve en placard avec une porte lambrissée et des poignées en cordage, comme une cabine de plage.
- Peignez la porte d'un placard de couleurs vives, comme un théâtre de guignol, et ornez-le d'un pan de tissu rayé pour un effet plus authentique.
- Transformez une alcôve munie d'étagères en un placard d'inspiration médiévale (façon tente de tournoi) en fixant un lambrequin – peint à la façon d'une tourelle –, et un store à enrouler rayé.
- Revêtez un placard de losanges colorés, style arlequin. Dessinez d'abord le motif au crayon et utilisez du papier adhésif de masquage pour obtenir des contours nets. Retirez le papier quand la peinture est bien sèche.

Couleurs

Idée déco grenier-cachette

Le lit, monté sur un podium équipé de grands tiroirs et de vastes placards, constitue le point d'orgue de cette chambre, et n'en occupe qu'un espace limité.

COMMENT RÉUSSIR

Ce type de rangement convient parfaitement pour les vêtements et les parures de lit, ainsi que les jouets et autres menus objets qui ont tendance à s'accumuler dans les chambres d'enfants.

Les couleurs renforcent aussi cette impression de netteté, avec le podium peint en jaune qui tranche sur le bleu des murs. L'effet obtenu est simple et tonique. Les murs bleu pâle donnent une impression d'espace, et le jaune apporte une petite note ensoleillée.

Le sol est recouvert d'un parquet en bois, facile à nettoyer et à réactualiser. Le tapis bleu uni, orné d'un bord plus foncé, allie confort et modernité. La parure de lit est imprimée de différentes figures géométriques : rayures, carrés, croix et cercles – un choix résolument neutre qui ne risque pas de se démoder, mais suffisamment coloré et rythmé pour plaire à l'enfant.

La hauteur sous plafond n'est pas essentielle dans une chambre d'enfant. L'optimisation de l'espace est la seule priorité, comme dans cette chambre, où le lit est inséré sous la pente, et le bureau placé dos à la fenêtre pour bénéficier de la lumière du jour. Il a été peint dans les mêmes tons que le lit, ce qui égaie son côté fonctionnel. Quand elle ne sert pas, la chaise pliante se pose contre le mur, dans l'embrasure de la fenêtre.

ÉLÉMENTS CLÉS

LIT SURÉLEVÉ

Le lit est installé sur un podium muni de nombreux rangements, et peint d'une couleur vive pour le rendre plus attrayant.

MURS BLEU PÂLE

Le bleu pâle, léger et possèdant un fort pouvoir réfléchissant est une couleur de base idéale pour décorer une chambre d'enfant.

MOTIFS STIMULANTS

Des cercles, des croix et des carrés parsèment la parure de lit dans un jeu de couleurs contrasté.

SOL TOUT TERRAIN

Le plancher mélaminé est recouvert d'un épais tapis bleu. Ce dernier peut être lavé ou remplacé facilement et le plancher est suffisamment robuste pour résister aux pires traitements.

EMBRASURE DE FENÊTRE

Cette embrasure, d'une profondeur exceptionnelle, contient un coffre à jouets qui fait également office de siège.

Les studios et les appartements décloisonnés ont une architecture libre et déstructurée, particulièrement apaisante. Aucun mur pour masquer la lumière ou cacher la vue, pas de portes pour gêner la circulation... Toutefois, il est nécessaire de bien réfléchir à leur conception, et de prévoir des aires adaptées à chaque activité.

Une belle hauteur sous plafond, permet d'exploiter et de créer un second niveau – une mezzanine – à mi-hauteur entre le sol et la faîtière. Cet aménagement optimise l'espace et permet de le réorganiser complètement. En équipant un banal appartement d'un second niveau, vous aurez l'impression d'être dans une véritable maison disposant d'un étage, avec un potentiel d'aménagement bien plus important qu'avant.

À l'image d'un jardin en terrasses, les pièces à deux niveaux forment un décor plus riche, plus complet, et laissent le regard s'échapper. Elles peuvent aussi se structurer en isolant, par exemple, le coin couchage ou le coin travail, du séjour qui ne perdra alors rien en volume.

La mezzanine, qui peut être une simple plate-forme montée, à l'extrémité d'une pièce, peut aussi posséder une structure en « L » ou en « U », dotée d'une coursive, et être construite le long d'un ou de deux murs. Par sa hauteur, elle offrira un point de vue intéressant sur la pièce principale tout en préservant l'intimité de l'étage.

9 Espaces décloisonnés

Structurer l'espace

ci-dessous *Les murs, les boiseries et les équipements blancs confèrent à cet appartement luminosité et sobriété, et permettent d'en modifier la disposition.*

Si vous devez vivre dans un espace totalement décloisonné, dressez la liste complète de vos besoins pour l'aménager au mieux. Hormis les quelques aires indispensables (cuisine, salle de bains, chambre), vous avez carte blanche. Alors, adaptez-le à votre mode de vie.

Il ne faut jamais aménager un espace décloisonné, entièrement ouvert au regard, sans avoir pris le temps de l'analyser et d'avoir fait le tour de ses possibilités. La difficulté est ici de parvenir à dissocier un espace de vie d'un autre, les activités s'y déroulant étant différentes. Il s'agit d'envisager une approche globale, ce qui peut parfois sembler insurmontable, aussi n'hésitez pas à prendre conseil auprès de professionnels, d'emprunter les multiples idées suggérées dans la presse spécialisée. Cette méthode vous permettra de constater les effets d'une nouvelle disposition ou d'un arrangement parfaitement inédit.

Dans un logement classique, l'ambiance se travaille pièce par pièce alors qu'un espace décloisonné s'apprécie dans sa globalité. Installez le salon, et voyez s'il vous reste suffisamment de place pour les espaces dédiés au repas, au sommeil, etc. Ne placez pas le lit dans un coin dont la luminosité exceptionnelle conviendrait mieux à un séjour. La lumière est un facteur très important dans l'aménagement d'un espace décloisonné.

EN HAUT, EN BAS

Les mezzanines sont souvent réservées aux chambres ; peut-être l'expression « monter se coucher » y est-elle pour quelque chose. Mais si le plafond est suffisamment haut pour permettre la station debout, pourquoi ne pas y installer un bureau, un séjour, une salle à manger ou même une cuisine ?

Pour pouvoir se tenir debout sur une mezzanine, il faut que la hauteur entre le sol du niveau inférieur et la faîtière atteigne au moins 4,50 m – et même plutôt 5 m. Les mezzanines des lofts, souvent plus hautes, peuvent constituer un véritable étage, mais elles restent ouvertes sur le niveau inférieur afin de préserver l'espace.

Options déco

UTILISER LA LUMIÈRE

- Avant de diviser un espace, il faut impérativement tenir compte de la lumière du jour, et donc de l'emplacement des fenêtres, emplacement qui peut varier selon la structure et l'histoire du bâtiment. Elles ne seront en effet pas placées de la même façon selon que les deux niveaux datent de l'origine, ou que le second a été rajouté ultérieurement.

- Si la pièce formait un espace unique, à l'origine, l'étage supérieur va probablement se trouver au-dessus du niveau des fenêtres. Naturellement plus sombre, il conviendra mieux à une chambre à coucher.

- Par contre, si votre logement a été conçu sur deux niveaux, la mezzanine est certainement éclairée par de hautes fenêtres ou des puits de lumière. Il serait donc dommage de la transformer en chambre, alors qu'elle se prête si bien aux activités diurnes.

ci-dessus
Cet appartement exploite au maximum l'espace vertical grâce à la colonne soutenant l'escalier et son grand garde-corps. L'escalier circulaire situé à l'étage, permet d'accéder à un niveau supérieur sans encombrer le sol.

MATÉRIAUX AUTHENTIQUES

Utilisez des matériaux naturels comme le bois, la brique et la pierre pour rehausser les lignes architecturales d'une pièce et, dans le cas d'un ancien entrepôt, pour conserver son aspect industriel.

Ne cherchez pas à dissimuler les piliers et les colonnes d'origine. Au contraire, intégrez-les à la décoration. Choisissez l'escalier et le garde-corps comme s'il s'agissait de véritables objets décoratifs.

Couleur et style

ci-dessous *La grande fenêtre arrondie éclaire les deux niveaux de cet ancien entrepôt. Les pavés de verre, sous la mezzanine, accentuent l'impression de lumière.*

La luminosité est un élément essentiel dans la réussite d'une pièce décloisonnée, que l'on habillera par ailleurs d'une seule couleur, afin d'uniformiser les surfaces. Si la mezzanine sert de chambre ou de salle à manger, elle peut être, en théorie, d'une couleur plus sombre et plus enveloppante, mais n'oubliez pas que, dans les espaces décloisonnés, le moindre détail discordant peut perturber l'ensemble. L'utilisation, en hauteur, de couleurs foncées et denses risque de rapetisser la pièce au lieu de maintenir l'impression d'espace indispensable à ce genre de volume.

Si vous souhaitez ajouter quelques touches de couleurs, concentrez-les de préférence sur la mezzanine, dans des recoins discrets. En peignant les portes d'un placard ou un mur éloigné, vous attirerez le regard vers le haut sans rompre l'harmonie générale.

RESPECTER L'ARCHITECTURE

Ce sont les couleurs claires et neutres qui accentuent le mieux l'impression d'espace, mais vous pouvez aussi introduire certains effets sur un fond uni en rajoutant des matériaux et des surfaces assorties à l'architecture. Les bâtiments les mieux adaptés à l'installation d'une grande mezzanine sont généralement les lofts, les anciens ateliers ou les vieux entrepôts.

ESPACES MODERNES

Pour un décor résolument moderne, intégrez des murs blancs qui permettront de révéler et souligner un cadre en briques, en bois naturel, en acier ou en verre, et qui rappelleront l'aspect industriel caractéristique des lofts. Installez par exemple un escalier composé de marches en bois bordées d'acier et d'une rambarde métallique. Quant au garde-corps, optez pour du bois, du métal, du filin d'acier ou, pour un fini pur et lumineux, du verre trempé (un peu plus onéreux).

ANCIENS BÂTIMENTS

Certains bâtiments anciens possèdent des éléments décoratifs, moulures ou grandes fenêtres, qu'il ne faut pas défigurer par l'ajout d'un niveau supplémentaire. Les mezzanines modernes, en verre ou en acier, peuvent créer un contraste intéressant, bien que cet amalgame stylistique ne soit pas du goût de tout le monde.

Observez bien la pièce, son volume, son identité, et suivez votre instinct. Pour un effet plus doux que le verre et l'acier, installez un escalier et un garde-corps en bois, et peignez-les en blanc afin d'éclaircir la pièce. Vous pouvez choisir du bois brut à condition qu'il ne soit pas trop foncé ni trop terne, surtout au deuxième niveau.

Pour que l'aspect fonctionnel de la mezzanine ne gâche pas l'élégance naturelle de la pièce, inspirez-vous des chapelles ou des anciennes salles de classe, et chaulez les murs ; vous créerez ainsi un cadre intime et apaisant en dépit des grandes fenêtres et de la hauteur sous plafond.

Tous les éléments d'architecture apparents – poutrelles, colonnes, piliers, madriers... – donnent du caractère à l'ensemble et constrastent avec le fond plus clair. En acier, en bois peint ou naturel, ils structurent discrètement la pièce.

Options déco

CLIN D'ŒIL MARIN ET ESPRIT BORD DE MER

- Le concept de la mezzanine dominant le reste de la pièce évoque naturellement le pont supérieur d'un paquebot. Pour renforcer cet effet, laissez les poutrelles métalliques et les solives apparentes, et équipez l'escalier d'une simple rampe métallique.
- Pour apporter à votre mezzanine une touche de luxe digne d'un transatlantique des années 1930, posez du parquet au sol, et ajoutez quelques meubles et objets art-déco, comme des fauteuils en demi-lune, ou même un plan de travail de cuisine élégamment incurvé.

ci-contre *Une échelle de meunier conduit à cette chambre installée sous les combles. Les détails blancs apposés sur le fond bleu foncé mettent en valeur les lignes architecturales.*

Adaptabilité

ci-dessous *Un côté de cette étagère placée en épi sert de rangement, et l'autre de cloison qui masque une partie de la pièce.*

L'adaptabilité est l'un des principaux atouts des espaces décloisonnés. Le volume dont on dispose entre le sol et le plafond peut être aménagé de multiples manières, l'objectif étant de produire une infinité d'effets – comme sur une scène de théâtre – en respectant tout de même l'équilibre de la pièce.

LIBERTÉ TOTALE

Quand vous aurez décidé de l'emplacement de la cuisine et de la salle de bains, vous ne pourrez plus revenir en arrière. Par contre, vous pourrez moduler le reste de l'espace à loisir, en déplaçant les meubles, en poussant les cloisons, en ajustant l'éclairage ou en détournant la fonction de certains endroits.

Le changement est toujours bénéfique, notamment dans la décoration. Voir des objets sous un nouvel angle est dynamisant et stimule l'imaginaire. Déplacer quelques meubles suffit à donner une seconde vie à une pièce ordinaire, mais s'il s'agit d'un espace décloisonné, c'est tout votre cadre de vie qui s'en trouvera métamorphosé. Comme la structure est entièrement ouverte, rien ne vous limite, et vous pouvez essayer de satisfaire la moindre de vos envies.

DÉCOR TRIDIMENSIONNEL

Veillez à ne pas trop encombrer la surface au sol pour ne pas casser la perspective. Cela signifie peu de meubles et des formes épurées qui respectent les proportions de la pièce. Choisissez des meubles de taille raisonnable, et placez-les de façon à ce qu'ils soient visibles sous tous les angles, comme sur une scène de théâtre.

Tout l'espace étant offert au regard, les pièces décloisonnées permettent un décor beaucoup plus tridimensionnel que celui d'un intérieur ordinaire. Évitez les groupes d'objets décoratifs ou de cadres qui se démarquent trop, et dispersez-les pour ouvrir la perspective. Une pièce s'apprécie souvent du pas de la porte, d'un seul coup d'œil, comme une photographie, et lorsqu'il n'y a pas de portes, rien n'entrave le regard qui peut donc s'évader.

Options déco

ci-dessus *La penderie fait office de cloison entre le coin séjour, au premier plan, et la chambre, juste derrière. Le fauteuil bas, en cuir, se fond parfaitement dans ce décor moderne, éclairé par un puits de lumière.*

SURFACES LISSES ET LUMINEUSES

Essayez d'incorporer des surfaces lisses et lumineuses qui se fondent dans le décor sans attirer le regard. Choisissez des meubles en bois clair, en acier fin, en verre et en plexiglas.

MEUBLES DESIGN

Pour éviter toute erreur de style, optez pour des meubles répondant aux critères énumérés ci-dessous :

- Lignes nettes et pures. Certaines formes sont moins encombrantes que d'autres. Les tables rondes ou ovales n'ont pas de coins saillants et accueillent plus de convives dans un espace réduit. Une table longue et fine peut contenir autant de couverts qu'une table courte et large, mais prend nettement moins de place. Fauteuils et canapés pourvus d'accoudoirs bas et carrés sont plus stylés que les modèles plus volumineux aux formes imprécises.
- Modèles pliants ou empilables. À l'instar des chaises, optez pour une table pliante ou escamotable ; prenez par exemple une table à tréteaux que vous pousserez contre un mur entre deux usages.
- Double fonction. Préférez les meubles multifonctions aux meubles à usage spécifique. Au lieu d'acheter une coiffeuse qui ne trouve sa place que dans une chambre, choisissez, par exemple, des commodes ou des coffres et disposez-les. Optez pour des tables basses qui feront autant d'effet à côté du lit que dans le salon ; des tables recouvertes d'un plateau en acier qui doubleront le plan de travail dans la cuisine ou permettront d'asseoir plus d'invités ; des chaises hautes qui peuvent servir dans la cuisine, le séjour ou le jardin ; des tabourets et des cubes qui font, selon les moments, office de chaises ou de tables ; des malles et des coffres qui, en plus d'accueillir du linge, se transforment en sièges ou en tables d'appoint.

Aspects techniques

Il est important de faire la différence entre une mezzanine en bois uniquement adaptée au couchage (l'équivalent d'un lit surélevé réalisable par tout bon menuisier) et une mezzanine conçue pour un usage régulier qui nécessite l'intervention d'un spécialiste.

Une véritable mezzanine doit être robuste, dotée d'une structure métallique ou en béton armé, ou doit reposer sur des poutres en bois renforcées (c'est-à-dire renfermant une mince couche d'acier). Si tel est votre projet, faites appel à un professionnel.

Le niveau supérieur doit être soutenu par des murs portants pour supporter le poids des personnes et des meubles. Les modèles les plus simples sont les mezzanines sur pilotis, équipées d'une armature en bois solide, qui offrent un grand espace de rangement au niveau inférieur mais ne permettent, hélas pas, la station debout. Les grandes mezzanines peuvent s'étendre d'un bout à l'autre d'une pièce, en prenant appui sur les murs, ou être suspendues, tout leur poids portant sur un seul mur. Vous devrez sans doute ajouter une colonne ou un pilier pour les soutenir, ce qui vous aidera à structurer l'espace du niveau inférieur.

L'installation d'une mezzanine ne nécessite généralement pas d'autorisation de travaux, car elle n'affecte pas l'extérieur du bâtiment (à moins que vous ne vouliez en profiter pour rajouter une fenêtre). Pour plus de renseignements, contactez le service de l'urbanisme de votre mairie.

ACCÈS ET SÉCURITÉ

L'accès à la mezzanine peut se faire par un escalier ou une échelle (impérativement rigide et munie d'une rampe). Plus l'escalier est raide, plus vous gagnerez de la place au sol, d'où l'intérêt des escaliers en colimaçon (voir page 67). Mais pensez aussi à l'aspect pratique. Il est plus facile de monter un

ci-contre *Dans cet appartement, la chambre a été installée sur une mezzanine et permet de profiter de la hauteur sous plafond. Les marches sont percées de casiers qui abritent des articles de cuisine et de jolis objets.*

escalier raide ou une échelle que de les redescendre. Si vous souhaitez installer une chambre au niveau supérieur et faire des allers et retours durant la nuit, choisissez un modèle plus sûr.

Soyez très prudents si la mezzanine est utilisée par des enfants, bien que les problèmes de sécurité concernent aussi les adultes. En règle générale, tout escalier de plus de quatre ou cinq marches doit être équipé d'une rampe (pour se retenir et ne pas tomber dans le vide). Vous n'y échapperez pas si vous voulez vous conformer aux normes de sécurité. Dans une pièce à l'aspect industriel, optez pour du verre ou du filin d'acier. N'oubliez pas non plus que l'éclairage du niveau supérieur doit être conçu en fonction de sa hauteur. Vous gagnerez de la place et limiterez les risques de brûlures, en encastrant des lampes dans le plafond.

page ci-contre *Sans briser l'harmonie de la pièce, un escalier étroit et raide mène à la chambre, sur la mezzanine. La structure métallique de l'escalier se prolonge de chaque côté pour former le garde-corps. La cuisine, séparée par une demi-cloison, est accessible par un grand passage.*

CODE DE L'HABITATION ET DE LA CONSTRUCTION

Pour connaître les normes en vigueur, contactez le service de l'urbanisme de votre mairie. Vous n'aurez pas besoin d'autorisation de travaux à moins de vouloir percer de nouvelles fenêtres. Si la pièce est trop sombre, installez plutôt des tabatières qui ne modifient pas la ligne du toit et ne nécessitent donc pas de permis particulier. Les fabricants proposent une vaste gamme de modèles dont certains s'ouvrent vers l'extérieur et offrent ainsi une issue de secours en cas d'incendie.

Préserver l'intimité

ci-dessous *Une profonde bibliothèque permet de séparer la chambre du séjour. Les murs blancs et le sol en fibres naturelles préservent l'harmonie de l'ensemble.*

Une fois la mezzanine installée, définissez des espaces plus intimes en fonction de vos besoins. Vous pouvez créer des barrières visuelles sans casser la perspective, à moins que vous ne préfériez clore les coins chambre et bureau pour plus de calme et de tranquillité.

Au niveau supérieur, vous pouvez fermer des espaces avec des murs en verre (transparent ou opaque) ou des portes coulissantes à la japonaise (en papier ou en tissu tendu sur un cadre en bois pour laisser passer la lumière). Si vous avez besoin d'intimité, mais pas nécessairement de calme, construisez un mur végétal en installant le long du garde-corps de grandes plantes vertes qui attireront agréablement l'œil.

La présence d'une mezzanine diminue la hauteur du niveau inférieur et crée une séparation naturelle que vous souhaiterez peut-être accentuer. L'espace sous la mezzanine est automatiquement plus enveloppant et peut donc convenir particulièrement bien à une chambre ou à une salle de bains. Pour ne pas l'assombrir d'avantage, évitez de le cloisonner.

Les portes coulissantes et les stores posés au plafond permettent de créer des sous-espaces en un tournemain. Vous pouvez aussi opter pour un vrai mur qui ne coupe pas complètement la pièce mais permet d'en dissimuler certains recoins, pour la cuisine par exemple, tout en laissant un grand passage ouvert.

Si vous n'avez ni l'envie ni les moyens de construire une cloison permanente, quelques étagères larges et stables pourront offrir quasiment les mêmes avantages, et fourniront en outre des espaces de rangement non négligeables.

CLOISONS ET RANGEMENTS

Si vous vivez dans une pièce complètement décloisonnée, vous souhaiterez sans doute dissimuler les rangements afin de préserver le style sobre et net de l'ensemble. Maintenez la perspective, en installant des éléments muraux qui dégageront le sol, y compris au niveau supérieur.

Pensez aussi à créer des rangements sous la mezzanine, surtout si elle est basse et si

elle peut être cloisonnée en longs placards. Le niveau supérieur étant moins visible en entrant, vous pouvez y exposer vos livres et bibelots sans craindre que le désordre ne soit par trop perceptible. Si votre mezzanine est équipée d'une longue coursive sur le côté, tapissez-la d'étagères pour aménager une bibliothèque visible d'en bas.

Si vous souhaitez au contraire créer des espaces séparés, prévoyez simultanément des coins rangement, qui dépendent souvent de l'ameublement. Par exemple, une étagère correctement placée peut faire office de cloison et, s'il s'agit d'un modèle bas, vous aider à séparer le coin salon du coin bureau, ou le coin repas de la cuisine.

Les paravents structurent instantanément l'espace et peuvent également servir de support (et donc de rangement) à des cadres, ou être équipés de vide-poches.

Options déco

RANGEMENTS MOBILES

Si vous êtes hostile à l'idée de créer des coins rangement mais que vous désiriez absolument un espace ouvert et flexible, équipez-vous de placards, de malles et d'étagères munies de roulettes que vous déplacerez au gré de vos envies pour moduler votre décor à loisir.

- Les chariots de cuisine munis de tablettes et de tiroirs rendent aussi de grands services dans les bureaux et permettent de ranger une foule de choses.

- Pensez à équiper votre chambre de portants mobiles qui permettent de déplacer facilement votre garde-robe.

ci-dessus *Une cloison sépare partiellement la cuisine de la salle à manger, délimitant les deux espaces sans vraiment les isoler. Les meubles aux lignes nettes, en bois clair et en chrome, sont peu encombrants.*

ci-contre *De hautes fenêtres éclairent la partie supérieure de cette mezzanine où l'on a installé tout naturellement un coin travail. La rangée de plantes disposées contre le garde-corps crée un mur végétal qui protège le bureau des regards indiscrets.*

Idée déco sur deux niveaux

Couleurs

à droite *Ajoutez une petite note créative en exposant des objets originaux telle cette horloge dans la cuisine ou ces fleurs dans les escaliers.*

Voici un exemple parfait de pièce à deux niveaux. Le niveau inférieur, suffisamment spacieux, peut accueillir la salle à manger et la cuisine tandis que le niveau supérieur, plus bas de plafond, est dédié au travail, à la détente et au repos.

COMMENT RÉUSSIR

La totalité de l'espace est exploitée : la hauteur de la mezzanine a été calculée pour équilibrer et redimensionner la pièce, qui était beaucoup trop étroite pour une telle hauteur sous plafond.

Les murs et les boiseries peints en blanc tissent une toile de fond unie et lumineuse. L'escalier, volontairement étroit, n'empiète pas trop sur le niveau inférieur. La bande blanche de chaque côté des marches les rend encore plus étroites, car l'œil n'en perçoit que la partie foncée.

En bas, la cuisine a été installée au fond de la pièce. Les meubles en bois clair s'intègrent parfaitement au décor tandis que le carrelage accentue la luminosité des équipements en chrome. La table en verre et les chaises empilables aux lignes épurées sont très peu encombrantes et laissent un grand passage entre l'escalier et la porte d'entrée.

Les différents revêtements de sol (carrelage, moquette, bois) structurent l'espace sans en rompre l'homogénéité. Le soir, le canapé du haut se transforme en lit et le bureau devient table de chevet. Les appliques murales et la lampe de bureau orientable permettent de se passer de plafonnier.

ÉLÉMENTS CLÉS

COULEURS CLAIRES

Les murs neutres, les chaises et les meubles de cuisine en bois clair ainsi que l'épaisse moquette vert mousse sont mis en valeur par les surfaces vitrées et chromées.

MEUBLES « GAIN DE PLACE »

La table en verre qui laisse passer la lumière du jour est entourée de chaises ultra fines qui peuvent être empilées dans un coin entre deux usages.

COUCHAGE SURÉLEVÉ

Le niveau supérieur est consacré à la station assise ou allongée (car il n'y a pas suffisamment de hauteur sous plafond pour se tenir debout) et exploite au mieux le volume vertical.

ESCALIER ÉTROIT

Les côtés de l'escalier sont recouverts d'une bande de peinture blanche qui le fait paraître encore plus étroit et le moins envahissant possible.

ACCESSOIRES LUMINEUX

Quelques touches de couleurs vives, en contre-points, égaient l'ensemble en contrastant efficacement avec le reste du décor.

Lorsque vous avez exploité le moindre recoin de votre intérieur, il ne vous reste plus qu'une possibilité : l'agrandir à l'horizontale ou à la verticale en poussant les murs pour créer de nouveaux espaces hors de la structure existante.

La direction dans laquelle vous allez vous étendre dépend de la forme de votre habitation, mais aussi de la fonction de cette nouvelle pièce. Si vous percez une ouverture dans le toit et que vous équipiez les combles d'un accès direct, de fenêtres et de meubles, vous pourrez les transformer en chambre, en salle de bains ou en bureau. Si vous avez un jardin, vous pouvez empiéter sur sa superficie et créer une structure, de type véranda, ou meubler une terrasse pour l'été.

En agrandissant une maison, on crée un nouveau volume plus lumineux qui donne l'impression de s'ouvrir sur l'extérieur. En cassant ainsi le moule, vous n'aurez plus la même notion d'espace qu'auparavant. Ne cantonnez pas votre véranda au stockage des plantes vertes. Profitez au contraire de cet apport exceptionnel de lumière pour aménager un bureau ou un séjour.

Allez au bout de vos idées et oubliez les conventions pour tirer le meilleur parti de votre projet d'extension.

10 Extensions

Aménagement des combles

Qui n'a pas rêvé d'avoir un étage supplémentaire ? Sans déménager, sans rien réorganiser, vous pouvez gagner plus d'un tiers d'espace supplémentaire. S'agrandir à la verticale signifie prévoir un accès facile aux combles, poser un sol sur lequel on peut marcher en toute sécurité et concevoir des rangements pratiques pour les archives et un espace pour les vieux meubles. Dotée d'un éclairage, cette pièce pourra se transformer en salle de jeux ou en bureau d'appoint, si vous êtes prêt à supporter une température plus basse ou plus haute que dans le reste de la maison, selon la saison.

Mais une fois chauffée, isolée, insonorisée, équipée d'une arrivée d'eau et meublée, elle deviendra un vrai bureau, une chambre à part entière avec cabinet de toilette privé ou un studio indépendant. Les combles conviennent parfaitement pour accueillir un bureau et une chambre d'adulte (ou même un appartement privé si vous avez l'intention de louer une partie de votre maison), car ils sont isolés du bruit qui, contrairement à la chaleur, ne monte pas.

ci-contre *Les portes coulissantes en verre ont été ouvertes pour réunir le coin cuisine et la salle à manger, installés dans des combles baignés de soleil. Le joli parquet qui court d'une pièce à l'autre renforce cette impression de pièce unique.*

ci-contre *Ces combles ont été aménagés en chambre, et le lit installé sous la pente du toit, là où la station debout est la plus difficile. Le pignon en briques et le garde-corps en métal respectent l'aspect industriel du bâtiment.*

CONCEPTION DU PLAN

Avant toute chose, vérifiez que votre toit est adapté à ce genre de projet. Les combles les plus pratiques à aménager sont ceux à deux pans. En règle générale, une pièce à vivre doit faire au moins 2,30 m du sol à la faîtière. On peut toutefois se contenter de moins dans les cuisines, les salles de bains, les salles de jeux, les couloirs et les cagibis.

Vous devez aussi prévoir une hauteur de mur minimale, en bas de la soupente, de 1,50 m. Les combles à deux pans terminés par des murs à pignons droits sont plus faciles à aménager que les combles à quatre pans.

Prévoyez aussi un accès à cette nouvelle pièce en prolongeant un escalier existant jusqu'au niveau supérieur, ou en créant un chemin plus direct grâce à un escalier en colimaçon ou une échelle de meunier, moins encombrants qu'un modèle standard.

LUMIÈRE NATURELLE

Pour rendre la pièce aussi claire que possible, essayez de prévoir une surface vitrée correspondant au moins à 10 % de la surface au sol. Pour accueillir la lumière du jour, installez des fenêtres ou des portes-fenêtres dans les pignons (avec une rambarde ou un garde-corps), des chiens-assis ou des tabatières dans le toit. Les chiens-assis ont l'avantage d'ouvrir une nouvelle perspective, mais nécessitent souvent un permis de construire.

Les verrières ou puits de lumière sont très pratiques car ils respectent la ligne du toit. Ils sont aussi moins onéreux, car ils se posent de l'intérieur et n'entraînent donc pas l'assemblage d'échafaudages. En outre, ils laissent passer 50 % de lumière en plus que les fenêtres verticales. Par contre, munissez-les de vitres teintées ou de bons stores qui filtreront la chaleur.

NUANCIER

Si cette nouvelle pièce est censée servir un tant soit peu pendant la journée, habillez-la de couleurs pâles et d'un revêtement de sol neutre qui renforceront l'impression d'espace et de lumière. Si au contraire, vous désirez un décor enveloppant, comme une sorte de cocon, optez pour des teintes plus profondes, mais qui risquent néanmoins d'amoindrir l'exceptionnelle luminosité de la pièce.

Options déco

PERMIS DE CONSTRUIRE

- Avant de prendre rendez-vous avec un architecte ou un entrepreneur, vérifiez qu'un permis de construire n'est pas indispensable. Si vous vous contentez de soulever la pente existante pour ériger un mur droit (au lieu de surélever le toit), vous ne devriez pas rencontrer de problèmes. En revanche, lorsqu'on habite sur un site historique, que la maison est classée ou que l'on souhaite munir son toit de chiens-assis, il est impératif de contacter le service de l'urbanisme de sa mairie.
- On peut vous refuser l'installation d'un chien-assis s'il donne sur une route ou sur une maison voisine, ou s'il modifie la ligne du toit. Pour vous faire une idée de ce qui est possible, observez les maisons de votre voisinage. Quels que soient vos projets, effectuez toutes les vérifications nécessaires avant de vous lancer dans des travaux importants ; vous vous épargnerez ainsi une perte d'énergie et d'argent.

ci-contre *Les murs blancs unis et le sol en fibres naturelles créent une chambre lumineuse et spacieuse sous les toits. Les commodes en bois clair, assorties aux tons de la pièce, ont été poussées contre la partie basse du toit et offrent de nombreux rangements sans encombrer le sol.*

page ci-contre
Les combles sont particulièrement bien adaptés aux chambres, car ils sont moins sonores que les pièces inférieures. Inspirez-vous de l'architecture de la maison pour les aménager, en respectant les normes du code de l'habitation et de la construction.

Les murs blancs, crème ou pastel se marient parfaitement avec une moquette neutre, un revêtement en fibres naturelles ou encore un parquet. Le parquet ordinaire est à la fois sobre et chic, mais pensez aussi au parquet lasuré blanc pour obtenir un effet encore plus lumineux évoquant une maison de bord de mer ou un atelier d'artiste. Même si vous chosissez un revêtement plus moelleux, veillez à ce que l'isolation acoustique du sol soit parfaite pour échapper aux bruits provenant des niveaux inférieurs.

RANGEMENTS

Si vous décidez d'aménager des combles, c'est sans doute dans le but de gagner de la place, aussi tenez-en compte dès la conception. Prévoyez autant de rangements intégrés que nécessaire pour dégager au maximum le sol. Installez des placards et des étagères contre les soupentes en prévoyant suffisamment de hauteur pour suspendre les vêtements longs tels que les manteaux et les robes, et ajoutez quelques petits rangements dans les coins.

Aménagez des placards bas et des tiroirs profonds dans la partie inférieure du mur, particulièrement difficile à exploiter.

FINITIONS

Équipez les fenêtres de stores ou de pans de tissu qui tamiseront la lumière sans encombrer l'espace, et préférez spots à encastrer et appliques aux suspensions, susceptibles d'obstruer le passage lorsque le plafond est bas. S'il y a peu de place au mur, installez des radiateurs de formes originales, comme des radiateurs sèche-serviettes ou des radiateurs en spirale, encore plus spectaculaires. Si vous aménagez une salle de bains dans les combles, gagnez de la place et cachez la tuyauterie en choisissant des meubles à installer contre ou sur le mur.

DÉROULEMENT DES TRAVAUX

L'aménagement des combles se fait souvent de l'extérieur, par des échafaudages, pour éviter de percer le toit de l'intérieur, ce qui immobiliserait une partie de la maison et salirait l'autre (sans parler du froid en hiver). De toute façon, sachez que vous ne pourrez pas vivre normalement pendant les travaux. Pensez à calfeutrer les portes pour que la poussière ne s'infiltre pas dans toutes les pièces.

Options déco

CONSEILS DE BASE

- Dès le départ, donnez la priorité à l'éclairage, au chauffage, à l'isolation, à l'électricité, aux prises de téléphone, à l'arrivée d'eau et aux équipements de sécurité. Installez suffisamment de prises électriques pour les lampes, les outils, les jeux, les ordinateurs et tout le matériel électrique dont vous vous servez.
- Si vous aménagez une salle de bains sous les combles, assurez-vous que le ballon d'eau chaude soit placé suffisamment haut pour générer une bonne pression. Pour une douche à jets, par exemple, il faut compter 1,5 m entre la base du chauffe-eau et le sommet de la douche. Sinon, n'hésitez pas à installer une pompe ou un réducteur.
- L'aménagement des combles est également l'occasion de prévoir ou d'améliorer leur isolation thermique, ce qui vous permettra en outre de réaliser des économies d'énergie substancielles.
- Vous devrez sans doute recouvrir vos murs mitoyens d'un revêtement isolant qui limitera les nuisances sonores. Dans certains cas, c'est même une obligation.
- Contactez le service de l'urbanisme de votre mairie avant de commencer les travaux et n'hésitez pas à contacter un professionnel ou un architecte qui sauront concrétiser vos envies et accorder votre budget à vos besoins.

Patios et vérandas

Si vous ne pouvez pas vous agrandir en hauteur, peut-être pourrez-vous le faire de plain-pied, avec une véranda, en vitrant un passage entre deux bâtiments ou en créant un patio.

Avant de construire une véranda, vérifiez si un permis de construire est nécessaire. En général, tout dépend du coefficient d'occupation du sol (COS). Vous pouvez également envisager un salon d'été à l'étage quoique les autorisations nécessaires ne soient pas toujours faciles à obtenir.

ci-dessus *Cette simple véranda occupe l'espace entre la cuisine et le mur du jardin. Ceinte de murs solides, d'une verrière et de portes-fenêtres ouvrant sur l'extérieur, elle bénéficie en permanence du soleil.*

INTÉRIEUR ET EXTÉRIEUR

Contrairement aux verrières coincées sur les toits des maisons de ville, les vérandas ont une double nature. À la fois ouvertes sur le jardin et la maison, elles relient les deux espaces et permettent de profiter du soleil à l'abri du vent. Quel que que soit le matériau de leur armature, leurs larges surfaces vitrées apportent lumière et bien-être, et permettent de profiter du jardin comme si l'on y était. Si vous optez pour une véranda, n'oubliez pas de la chauffer, de l'isoler et de la ventiler afin d'en profiter par tous les temps, quelle que soit la saison, et saisissez cette occasion pour vous agrandir ou relier deux bâtiments.

L'essentiel est de respecter l'architecture de la maison. Le concept de la véranda ayant plusieurs siècles d'âge, certains modèles ont un aspect très traditionnel, fort bien réalisé, mais souvent trop travaillé pour une habitation moderne. L'extension doit se fondre dans la maison et se marier au style et à l'agencement du jardin. Pour vous faciliter la tâche, imaginez-la comme une pièce indépendante avec un toit et des murs en verre. Les prototypes contemporains se révèlent particulièrement esthétiques, même sur une maison ancienne.

Le choix du mobilier dépend de la fonction de la nouvelle pièce. Les structures vitrées constitueront d'excellentes cuisines ou salles à manger où il fera bon s'attarder les jours de beau temps. Elles peuvent aussi prolonger un séjour, créant, à côté de la partie chaude et confortable, un endroit plus ouvert et plus lumineux.

Pour accroître cette impression de volume et d'espace, préférez un style qui se marie parfaitement au reste de la maison, plutôt qu'un modèle qui s'en démarque. Aménagez votre véranda comme une vraie pièce et évitez

Options déco

ci-contre *Cette extension avec sa verrière semble prolonger la maison dans le jardin et crée un coin repas près de la cuisine. Personnalisée par des meubles colorés et un lustre élégant, elle est devenue une véritable pièce à vivre, utilisable en toute saison.*

de l'encombrer de meubles en rotin, trop évocateurs des jardins d'hiver.

SOL À TOUTE ÉPREUVE

Le sol doit être résistant à l'usure, facile d'entretien et capable de tolérer humidité et changements climatiques. Les pavés de terre cuite, particulièrement adaptés aux cuisines et aux salles de bains, semblent reproduire un prolongement du jardin. Ils sont aussi très pratiques pour les pièces décorées de plantes.

Pour la cuisine, pensez aux linoléums et aux sols en PVC. Le parquet, très esthétique, n'est envisageable qu'à condition que la véranda soit ombragée et complètement étanche, car les lattes risquent de se déformer si la luminosité et l'humidité sont trop fortes. Si la pièce donne directement sur le jardin, évitez les tapis qui seraient maculés en permanence de boue ou d'herbe.

MURS

Les parois de la véranda peuvent être entièrement vitrées, ou bordées d'un muret en briques, ce qui permet d'y aménager quelques rangements bas. Si la partie vitrée prend appui sur de vrais murs, ils feront alors partie intégrante du décor. Pour un décor fonctionnel et urbain, n'hésitez pas à les peindre en blanc, s'ils sont en briques. Pensez également aux lambris, sobres, mais doux, qui rappellent irrésistiblement la mer.

CHALEUR ET LUMIÈRE

Même si vous n'avez pas vraiment le choix de l'orientation, ni du facteur d'ensoleillement de votre future véranda (ou patio), prenez le temps d'en vérifier les particularités. Les pièces baignées de soleil à longueur d'année doivent être bien ventilées et bien protégées pour ne pas devenir étouffantes. Les pièces qui reçoivent le soleil seulement le matin ou l'après-midi sont plus confortables et conviennent mieux aux plantes qui préfèrent une lumière indirecte. Les pièces situées plein nord seront très lumineuses l'été, mais ne bénéficieront pas de soleil l'hiver, d'où la nécessité de bien les chauffer.

- Équipez les radiateurs de thermostats individuels pour régler la température de la véranda indépendamment du reste de la maison.
- Pensez au chauffage par le sol, surtout si vous manquez de place pour installer des radiateurs aux murs.
- Pour les vitres, choisissez un verre qui laisse pénétrer la chaleur, sans lui permettre de s'échapper.
- Prévoyez une bonne ventilation, surtout si votre véranda est exposée plein sud. Pensez aussi aux stores qui se déploient automatiquement quand la luminosité est trop forte.
- Installez des stores pour tamiser la lumière et éviter à la pièce de trop chauffer. Choisissez un modèle métallique de protection thermique qui limitera la chaleur pendant les mois d'été.
- Décorez la pièce de bougies et de photophores de manière à en profiter aussi le soir.

Balcons et terrasses

Pour profiter du beau temps, pourquoi ne pas ajouter une pièce à l'extérieur ? Un balcon, une terrasse ou un petit jardin prolongent la maison et offrent un coin repas, ou détente supplémentaire, qui présente le double avantage d'être vaste et lumineux.

Une terrasse de plain-pied peut être recouverte de dalles de pierre ou de caillebotis (plus rapide à poser). Mais dans les deux cas, vous aurez peut-être la différence de niveau entre la maison et la terrasse, ce peut s'avérer inesthétique.

Pour remédier à ce problème, et créer une belle continuité entre la maison et le jardin, construisez une terrasse « pont de bateau » au même niveau que le sol de l'intérieur.

TERRASSES « PONT DE BATEAU » ET CAILLEBOTIS

Un système de lambourdes permet de poser ce genre de terrasse directement sur la pelouse ou sur une autre surface. Vous pouvez la réaliser vous-même (en prenant conseil auprès de votre magasin de bricolage) avec du bois traité pour l'extérieur, à condition de passer une couche de vernis sur les parties sciées avant la pose.

Jouez avec les effets en croisant les planches ou en les disposant en diagonale ; effectuez au préalable une simulation sur papier, afin de déterminer le nombre de dalles nécessaires et leurs dimensions.

Laissez la terrasse ouverte, comme une avant-scène, pour la fondre complètement dans le jardin, ou fermez-la avec une balustrade ou un treillis pour la rattacher au reste de la maison.

ci-contre *La terrasse en caillebotis semble prolonger le parquet de cet élégant séjour jusque dans le petit jardin. Séparés par une porte-fenêtre, les deux espaces ne font plus qu'un lorsque la porte est ouverte, aux beaux jours.*

Sur un balcon, garnissez le sol de bois, ce qui lui donnera un aspect plus fini que le béton ou l'asphalte. Les dalles de caillebotis alternées à la façon d'un échiquier sont composées de planches serrées et fixées sur des plots qui les élèvent de quelques millimètres pour faciliter l'évacuation de l'eau.

OPTIONS CITADINES

Le décor en bois, à la fois chaleureux et contemporain, évoque les jardins orientaux et le bord de mer. Pour créer un style plus dépouillé et plus citadin, recouvrez votre petite terrasse ou votre balcon de grillage métallique serré, moins confortable sous les pieds nus, mais qui apportera une note industrielle à un décor végétal. En mélangeant certains matériaux comme le bois et l'acier, le verre trempé et les galets, vous obtiendrez un ensemble moderne, à la fois fonctionnel et naturel.

SÉPARATION INVISIBLE

Pour optimiser une terrasse, réduisez le plus possible la surface des murs et installez des baies vitrées abolissant toute séparation entre l'intérieur et l'extérieur. Pensez aussi aux portes coulissantes à la japonaise, qui se glissent derrière un mur. Certains modèles, plus sophistiqués, possèdent des panneaux vitrés qui se juxtaposent les uns aux autres et prennent encore moins de place.

Il existe aussi des systèmes en accordéon qui se replient de chaque côté grâce à des gonds spéciaux et des rails coulissants. Inspirés des portes de placard, ces modèles, adaptés à l'usage extérieur, forment une fois fermés, un mur pliable, sûr et étanche, et ouvrent largement sur le jardin.

La pose de ces murs escamotables qui transformeront l'espace de façon spectaculaire doit, de préférence, être confiée à un spécialiste pour éviter de déséquilibrer les proportions de l'habitation.

ci-dessus *Les matériaux naturels comme l'ardoise, la pierre, le bois et la terre cuite permettent de relier agréablement l'intérieur à l'extérieur. Cette énorme sphère en granit transformée en fontaine est posée sur une couche d'ardoises où s'écoule l'eau. Le mur chaulé, en arrière-plan, évoque les maisons méditerranéennes.*

Ombre et abri

Les balcons et les terrasses doivent être protégés du soleil et de la pluie. Mi-terrasse, mi-patio, les terrasses couvertes permettent de profiter du jardin par tous les temps.

Les auvents en toile, fixés sur la maison, forment une extension provisoire. Ils protègent balcons et terrasses et vont jusqu'à former une sorte de toit pour les cours ou petits jardins. Leur tissu doit être résistant, étanche et filtrer les UV. Choisissez un modèle blanc ou crème pour un effet neutre et moderne, et évitez les imprimés à rayures qui rappellent trop la plage.

Les barnums, posés sur une structure rigide à quatre pieds, sont aussi très intéressants, car ils créent instantanément une petite pièce dans le jardin. Vous pouvez également confectionner vous-même un dais à partir d'un coupon de toile épaisse. Insérez des œillets pour le fixer, avec une grosse corde,

ci-contre *Le garde-corps métallique à l'aspect industriel rehausse ce décor citadin, tout en servant de support aux plantes grimpantes et aux arbres en pot qui adoucissent l'ensemble. La terrasse et le treillis en bois ajoutent une note de douceur.*

page ci-contre
Un grand parasol en tissu suffit à protéger du soleil un petit jardin ou une terrasse. Il occupe ici le centre d'une terrasse en caillebotis, ceinte de treillis, de barrières et d'un mur en briques traditionnel. Les parasols blanc ou crème sont particulièrement adaptés à ce genre de décor naturel.

à des anneaux métalliques fichés dans le mur de la maison. Remplacez la corde par des mousquetons (disponibles au rayon quincaillerie des magasins de bricolage). Tendez bien la toile pour que l'eau de pluie n'y stagne pas. Les œillets dans les angles peuvent être rattachés à des anneaux, ancrés dans un mur. Enfilés sur des piquets plantés en terre, l'ensemble évoquera une tente ouverte sur le côté.

STRUCTURE ET FEUILLAGE

Vous pouvez bâtir des structures fixes en bois ou en acier et les habiller de plantes grimpantes. Pensez à créer des brise-vues avec du treillis en bois, simple et peu onéreux, mais hélas trop léger pour permettre de s'appuyer dessus (à proscrire sur les terrasses d'immeuble). Ou alors, lancez-vous dans la construction d'une véritable structure avec des colonnes et des poutres.

Les pergolas qui accueillent des plantes grimpantes, produisent autant d'effet dans les jardins que sur les balcons. Dans le second cas, pour un aspect plus citadin, pensez à les confectionner en acier avec des côtés en mailles métalliques, à la manière d'une coursive d'usine. Si vous préférez une pergola en bois, recouvrez-la de plaques de plexiglas, une solution chic et moderne si vous n'avez pas de plantes assez hautes.

Constituez un jardin miniature au pied de votre pergola en plantant des clématites, une vigne vierge, ou encore des haricots à rames. En attendant qu'ils poussent et habillent entièrement la structure, n'hésitez pas à accrocher des jardinières et des paniers aux parois verticales.

Options déco

UNE PIÈCE SUPPLÉMENTAIRE DANS LE JARDIN

- Vous rêvez d'avoir une pièce supplémentaire ? Alors, pourquoi ne pas en construire une dans le jardin ? Transformez un abri de jardin, un pavillon d'été (disponibles en kit ou prêts-à-monter) ou même une ancienne cabine de plage en bureau, atelier, salle de jeux, salle à manger d'été ou chambre d'ami. Préférez un modèle qui s'ouvre sur l'avant si vous comptez l'utiliser comme séjour ou comme salle à manger d'été. Prévoyez plusieurs prises électriques (et téléphoniques, si nécessaire), pour l'éclairage et le matériel de bureau.
- Les abris de jardin et les pavillons d'été doivent être posés sur une surface plane en briques, en béton ou en pierre. À l'intérieur, recouvrez le sol de panneaux d'isorel sur lesquels vous poserez des tapis ou un revêtement en fibres naturelles. Si vous n'utilisez cette pièce que l'été, il vous suffira de tendre du tissu aux murs et au plafond pour atténuer les courants d'air. Achetez du calicot ou du gros coton dans un magasin d'usine ou chez un soldeur, et agrafez-le au mur. Pour une meilleure isolation, posez des panneaux de polystyrène, ou de la laine de verre, et calfeutrez les fenêtres avec des plaques de plexiglas.
- Peignez l'extérieur d'une couleur qui s'harmonise avec votre maison et votre jardin. Utilisez de la lasure haute protection ou du vernis traitant qui protégeront le bois des méfaits du soleil et des intempéries.

Idée déco
salon d'extérieur

Couleurs

Les meubles modulables et les fantaisies architecturales transforment ce simple appentis de béton en une extension moderne, ouverte sur le jardin mais protégée du soleil.

COMMENT RÉUSSIR

La principale force de ce concept réside dans sa simplicité. Vide, cet appentis ne serait qu'un garage rudimentaire, avec des murs et un plafond en béton le protégeant sommairement de la pluie. L'ajout de hublots elliptiques inclinés présente deux avantages : tout d'abord, ils apportent de la lumière, ouvrent une nouvelle perspective sur le jardin et atténuent le côté trop géométrique de l'ensemble. Mais ils ont aussi et surtout un intérêt architectural, car ils soulignent la taille de l'abri et l'épaisseur des murs. Percés en diagonale dans le béton, ces drôles de hublots transforment ce modeste garage en une sculpture moderne.

Le décor ainsi planté, le sol joue les contrastes avec son caillebotis en bois clair qui adoucit l'ensemble et apporte une touche de confort comparable à celui d'une pièce intérieure. Simple et de belle texture, il apporte une note vivante et chaleureuse, et sert de toile de fond au mobilier. Les banquettes en acier sont peintes en bleu clair et surmontées d'une épaisse tablette pour servir à la fois de table et de siège. Les chaises pliantes en bois, adossées au mur, rappellent le bois du caillebotis, et les nombreux coussins posés çà et là adoucissent les angles, rendant l'endroit agréable et confortable quel que soit le moment de la journée. Le jardin, à l'arrière-plan, clôt naturellement l'ensemble.

ÉLÉMENTS CLÉS

SOL EN BOIS
Le caillebotis, doux et confortable sous les pieds, semble prolonger le parquet intérieur dans le jardin, adoucissant l'aspect rude et fonctionnel des murs en béton.

EFFET SCULPTURAL
Les étranges hublots ovales percés dans les murs apportent une note de modernité qui tranche avec le mur végétal du jardin, et confère à cette nouvelle pièce un style très personnel.

BANQUETTES DOUBLE-EMPLOI
Les banquettes droites, surmontées d'une épaisse tablette, structurent l'espace. Grâce à leurs moelleux coussins de cuir et de daim, elles servent à la fois de tables et de sièges.

TOILE DE FOND VÉGÉTALE
Les grands arbres et les arbustes enveloppent totalement le jardin et forment un fond vert et animé qui tempèrent les lignes fortes de l'abri.

PHOTOPHORES
Les photophores rendent l'endroit accueillant de jour comme de nuit, pour un dîner au clair de lune. Les torches qui bordent l'ouverture complètent ce décor quelque peu théâtral.

index

remerciements

BIBLIOGRAPHIE

Bird, Julia, *Simple Style* (Londres : Quadrille, 2001)

Graining, Jane,*XXS : vivre les petits espaces* (Paris : Octopus 2002)

Hanan, Ali (introduction), *Chic Modern* (Londres : Conran Octopus, 2002)

Hilliard, Elizabeth, *Simple Storage Solutions* (Londres : Kyle Cathie, 2002)

Niesewand, Nonie, *Contemporary Details* (Londres : Mitchell Beazley, 1992)

Smith, Susy, *House Beautifu l: Small Space Living* (Londres : Ebury Press, 1993)

REMERCIEMENTS

Un grand merci à Roy Ilott pour ses conseils techniques. Pour plus d'informations concernant les travaux d'aménagement ou les matériaux, contactez The Building Centre, 26 Strore Street, Londres WC1 7BT, Angleterre.

Direction éditoriale : Doreen Palamartschuk-Gillon

Éditeur : Jessica Cowie

Direction artistique : Peter Burt

Mise en pages : Les Needham

Photographe : Sebastian Hedgecoe

Recherche iconographique : Christine Junemann

Production : Manjit Sihra

CRÉDITS PHOTOGRAPHIQUES

Abode/Neil Davies 118/Andreas Einsiedel 162 / Tony Hall 96, 168, 181/Tim Inrie 43 en haut, 61, 123 / Bernard O'Sullivan 97, 129, 164, 177, 184 / Ian Perry
142 / Brett Prestige 107 / Trevor Richards 93, 130, 159, 180 / Simon Whitmore 29 à droite, 95, 157 à droite / Tim Young 21, 38 à gauche, 56, 116, 117, 160

Etienne Clement, Jones Wood Architects 22

Crown Paints 25, 39

Wilma Interiors (www.wilman.co.uk) 24

Elizabeth Whiting Associates 59 à gauche, 171 en bas / Jon Bouchier 19 / Mike Crockett 74, 150, 154 / Rodney Hyett 103 / Lu Jeffery 18, 27, 153 / Tom Leighton 75, 80/Di Lewis 69/Neil Lorimer 60, 99 en bas / Mark Luscombe-Whyte 47, 66 / Mark Nicholson 173/Michael Nicholson 16 / Spike Powell 70, 146 / Tim Street-Porter 36, 134 / Mark Thomas 144, 157 à gauche

Fired Earth (www.firedearth.com) 136, 137 en haut

Octopus Publishing Group Ltd / Michael Banks 166 / Dominic Blackmore 58, 111 à gauche, 163, 169 / Graham Dixon 10, 12 / Sebastian Hedgecoe, architectes : Littman Goddard Hogarth Ltd. (www.lgh-architects.co.uk) 15, 48, 102, 119, 137 en bas, 152, architectes : Yoo Ltd (www.yooarehere.com) 30, 35, 41, 82, 108, 140, Roger Black Development, agent : FPD Savills Int. (www.stepneycity.com) 7, 79, 110, 111 à droite, 138, 139, 141 en haut, 182, 183 / Tom Mannion 14, 31 en haut, 54, 99 en haut, 101 en haut, 112, 170 / Neil Mersh 88/Peter Myers 28, 31 en bas, 33, 43 en bas, 98, 101 en bas, 124, 133, 135, Gunnar Orefelt Architects 73 / Simon Upton 63, 92, 171 en haut / David Wainwright 13 en bas

The Holding Company
(www.theholdingcompany.co.uk) 13 en haut, 81, 85 à gauche, 85 à droite, 156

Homebase 147 à gauche, 147 à droite, 148

The Interior Archive / Tim Baddow, concepteur : de Taillac 87, 121 / Fritz von der Schulenburg, architecte : Nico Rensch 120, concepteur : John Stefanidis 11 / Simon Upton 165 / Luke White : concepteur : Caroline Gardener 149 / Edina van der Wyck, architecte : Richard Rogers 51, concepteur : Atlanta Bartlett 52

Cath Kidston / Pia Tryde (tél. : 00-44 20 7221 4000, Kath Kidson Ltd, 8 Clarenden Cross, London W11 4PE) 44

Ray Main/Mainstream 20, 26, 34, 49 à gauche, 62, 84, 115, 128, 132, concepteur : Dermert Gavin 186

Narratives/Jan Baldwin 46, 53, 59 à droite, 83, 105 architectes : Melloco&Moore 67, architectes : Mullman Seidman 78, architecte : Pierre Lombart 32, architecte : Richard Rogers 64, 94, concepteur : Alistair Hendy 114, concepteur : Bill Ambers 100, concepteur : Camilla Ridley 42, concepteur : Charlotte Crosland 37, MMM Architects (tél. : 00-44 20 7286 9499) 8, 57, Jonathan Clark (tél. : 00-44 20 7286 5676) 72, 126 / Tamsyn Hill 113, architecte : Hans-Peter Obwaller 50, 131 / Brian Leonard, architecte : Terry Dorrough 49 à droite, 176 / Polly Wreford 29 à gauche, 40, 76, 141 en bas

Andrew Pilkington Architect (tel: 020 7351 0060, www.andrewpilkington.com) 2, 38 à droite, 104, 179

Red Cover / Graham Atkins-Hughs 90 / Jon Bouchier 155 / James Mitchell, concepteur : Stephen Woodham 185 / Ed Reeve, architecte : Misha Stefan 6 / Verity Welstead 65, 178

Retna UK / Lucinda Symons / House Beautiful UK 151

Theis+Kahn Architects (www.theisandkahn.com) / Nicholas Kane 167, 174 / Nick Pope 17